VELUX
5OCEANS
11

FREMANTLE
VELUX
11
WS

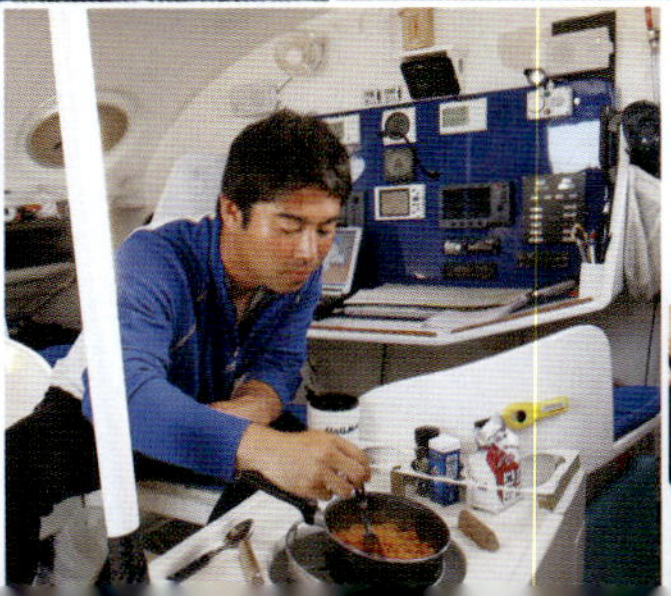

精神筋力

困難を突破し、たくましさを育てる。

海洋冒険家
白石康次郎

生産性出版

まえがき

人生は驚きの連続だ。ヨットで世界一周したい、という幼い頃からの夢は叶えたが、まさか自分が本を書いたり講演をしたり、子供の教育に関わる人間になるとは想像もしていなかった。

そもそも僕は旧文部省とは折り合いが悪かったのか、義務教育で習う勉強には興味がわかなかった。勉強ができなかったわけではない。しなかったのである。当然、成績はよくない。とくに国語はアヒルの行進のように、小中学校を通じて通信簿にずっと「2」が並んでいた。それがこうして何冊も本を出版させていただくようになるのだから、人生何が起こるかわからない。

子供の頃、僕が大好きだったのは球技で、野球をすればホームランを打てた。大人になってから始めたゴルフも飛ぶほうで、石川遼選手と番組で対戦したときには石川選手をアウトドライブしたこともあった。ある人によれば、ボールを遠くに飛ばす能力は生まれながらのものらしい。そのまま野球をつづけたかったが、その環境には恵まれなかった。自分の好きなこと、得意なことで生計を立てている人など、実はあまりいない。イチロー選手や石川選手のように運と才能と環境、そしてモチベーションのすべてが揃い、それらを開花させる人は、ほんの一握りの天才だけなのだ。天才は創り出すことはできない。生まれてくるものなのだ。何かが少しだけ得意、という一般的な人間は、むしろそれ以外の「思わぬこと」のなかに運があるのかもしれない。

僕が今ヨットに関わっているのも、ヨットが得意だったからではなく、それが「世界一周」の手段だったからだ。でも、ヨットを通じて学んだことは大きい。二六歳で単独無寄港世界一周に成功したときは、一七六日間かかった。そのあと二回出場した世界一周レースは、いくつかの港に寄りながら一二〇日前後で世界を回った。コース上には、南氷洋《なんぴょうよう》、ホーン岬など、凍える海、荒れる海が待ち受けている。それ以外の場所でも、いつ嵐に襲われるか、どこでヨットが壊れるかわからない。ヨットでの世界一周は命がけのチャレンジなのである。

だからこそ、そのなかに本物の学びがある。僕は好き好んで苦難や危険に身を晒《さら》しているわけではない。ただ、自分が求める幸せが、苦難や危険を越えたところにあるだけだ。

肉体的にも精神的にもぎりぎりのところで踏ん張っていたら、いつしか危機に対する対応能力が身についていた。それは「どうしたら生き残れるか」の判断力と言ってもいいかもしれない。

また単独世界一周航海は、決して一人ではできない。その陰で大勢に支えられてこそ実現できる。世界一周したのはたしかに僕だが、できるようにしてくれたのは僕ではないのだ。レースでは命を賭け合う仲間が生まれ、国際的なつき合いも多くなった。外国から日本や日本人を見ると、日本の良さを再発見できる。マナーと節度を守り、つましく生きる本来の日本人でいれば、外国語に堪能でなくても、そのまま国際人として通用するのである。

このところ、ヨットを通じて学んだことを講演で話す機会が多くなった。子供の頃から仲間を集めて遊ぶのは好きだったが、大勢の方の前で話す人間になったことも驚きの一つだ。

「みんなが元気になる話をしてください」

「危機に対する心構えや対処法を話してください」

近頃は、こんなテーマが多い。まさに世相の現れだろう。三月一一日の大地震と津波、原発事故、全世界を巻き込む経済状況の悪化……たしかに明るい話題は見つけにくい。

でも、心持ち一つで、いつだって「前向き」になれる。日常生活を生き抜いていくのも、ヨットで世界一周をするのも、考え方や準備はたいして変わらない。年齢に応じた肉体と精神の筋力を、少しずつ鍛えていけばいい。

この本では、僕がたどってきた道や、日頃講演で話していることなどを紹介していきます。それが皆さんを少しでも元気づけたり、精神筋力の素《もと》になればこんなに幸せなことはありません。

二〇一一年一二月

海洋冒険家

白石 康次郎

目次

第4章 人生で大事な人には自分から近づいていく——師匠と支援者、仲間たち

第5章　成功体験より失敗から学ぶことのほうが大きい

第6章　生意気でもまっすぐ生きる

エピローグ　新しい夢に向かって

写真／矢部洋一
（口絵2・3頁、口絵4頁三段目中・右、
61頁、79頁、4章扉、5章扉、241頁）
装丁／侍グラフィックス

第 1 章

夢は何度でも生みだせる

三度目のヨット単独世界一周

夢を叶《かな》えると次の夢が生まれる

僕が持っている名刺には「海洋冒険家」と書いてある。今お世話になっているマネージメント会社がつけてくれた肩書きだ。たしかに僕は単独で世界を一周するヨットレースに出ているので「冒険家」とも言えるだろうが、職業としては「自由業」ということになる。イギリスの空港で職業を聞かれたとき、「オーシャン・セーラー」と言ったら、「サウンド・グッド！」と言われて、そのまま通してくれた。ヨーロッパでは「オーシャン・セーラー」または「レーシング・セーラー」と言えば通用するし、「セーラー」と呼ばれる人たちは一目置かれているのだ。「あいつは本物のセーラーだ」と言う西欧人の言葉を日本語に直すと、「あいつは侍《さむらい》だぜ」ということになる。

ところが日本では、ヨットそのものがあまり盛んではない。

「四方を海に囲まれているのに、なぜ日本ではヨットが発達しなかったんだ？」

外国のヨット仲間によくこう聞かれるが、これにはいくつかの理由がある。まず、海に面した西洋諸国が国の威信をかけて帆船で大海原へ出ていった頃、日本は鎖国し、船による海外との貿易を長崎の出島一ヶ所に絞っていたことが大きい。黒船でやってきたアメリカが日本に開国を迫ったときには、すでに帆船から蒸気船の時代に移っていた。その後日本の造船技術は目覚ましい発展を遂げたが、外洋帆船の時代はすっぽりと抜けている。

立地条件から見ても、日本の沿岸は暗礁《あんしょう》や岩礁《がんしょう》が多く、風の向きも一定しないため、帆走には厳しい。そのうえ日本はどの港にも漁業組合があり、ヨットは邪魔者扱いされてしまう傾向があった。かつてヨットのアメリカズ・カップをある港が誘致する計画が持ち上がったが、これも港の反対で実現不能になってしまった。

こうした諸々の事情もあって、ヨットに対する日本のイメージはお金持ちの道楽という枠に今もとどまっている。だから僕のことを、「ひょっとして金持ちのぼんぼん？」と誤解している人もいるかもしれないが、とんでもない！　僕は東京赤羽の団地で、ごく普通のサラリーマン家庭に生まれた。ヨットとも冒険ともまったく縁のない環境だ。だが、六歳のとき鎌倉に引っ越し、毎日のように海を見て「この水平線の向こうには何があるんだろう」と感じたことが夢の原点になった。このときはまだ、夢というより大いなる好奇心だったが、「海の向こうには見知らぬ国があり、さらに進んでいくと丸い地球を一周できる」、そう知ったときから、「船で世界を一周したい」と夢見るようになったのだ。

その夢を初めて果たしたのは二六歳で、ヨットによる「単独無寄港世界一周」の世界最年少記録を更新した。でも、僕の夢はこれでは終わらなかった。次の目標は、当時世界でもっとも過酷なレースと呼ばれていた単独世界一周レース。ヨット同士で競走するこのレースには、最初の世界一周から八年後の二〇〇二年にクラスⅡで出場し、二〇〇六年にはクラスⅠにチャレンジした。

「白石さんはもう世界一周の夢を叶《かな》えたのに、なぜ何度も挑戦するんですか?」

こう聞かれることも多いが、答えはごく単純だ。まだまだこれからである! 夢に向かってまっしぐらに進んでいけば、おのずと夢は叶う。そのゴール地点には、もうひと回り大きな夢が待っている。だから素直にまっすぐ、また新しい夢を追いかけていく。

海の男がつくりだした究極のヨットレース

僕が二回出場した世界一周レースは、一九八二年に「ＢＯＣチャレンジ単独世界一周レース」の名で始まった。歴史上初めて本格的に行なわれた、風力だけを頼りに一人で地球を一回りするレースだ。一回目のスタートとゴール地点はアメリカの東海岸ニューポート。途中ケープタウン、シドニー、リオ・デ・ジャネイロに寄港する。走行距離にして一〇万キロ、レース期間は二五〇日に及んだ。

各出場者が操《あやつ》るのは、通常なら一二〜一三人で乗船する大型ヨットである。航海のあいだ、進路の選定からセールの上げ下ろし、故障箇所の修理まで、何もかもたった一人で行なわなければならないので、まともに寝ている暇もない。けがや病気もよほど重症でない限り自力で治すため、レース前にドクターの講習も受けるし、ギプスや痛み止めを船に積んでいくことが義務づけられている。

ヨットレースにもさまざまなものがあるが、短距離でスピードを争う最高峰がアメリカズ・カップだ。湾内でスピードを競《きそ》うレースで、巨大な資金力を持つオーナーがスキッパー（艇長）を選んでチームをつくる「海のF1グランプリ」である。これに対してスキッパーが自らスポンサーを探し、長丁場を単独で走り抜く世界一周レースは、パリ・ダカール・ラリーに近い耐久レース。「海のパリダカ」と言えばわかりやすいだろう。

レースはクラスⅠ（六〇フィート艇）とクラスⅡ（五〇フィート艇）に分かれて争われ

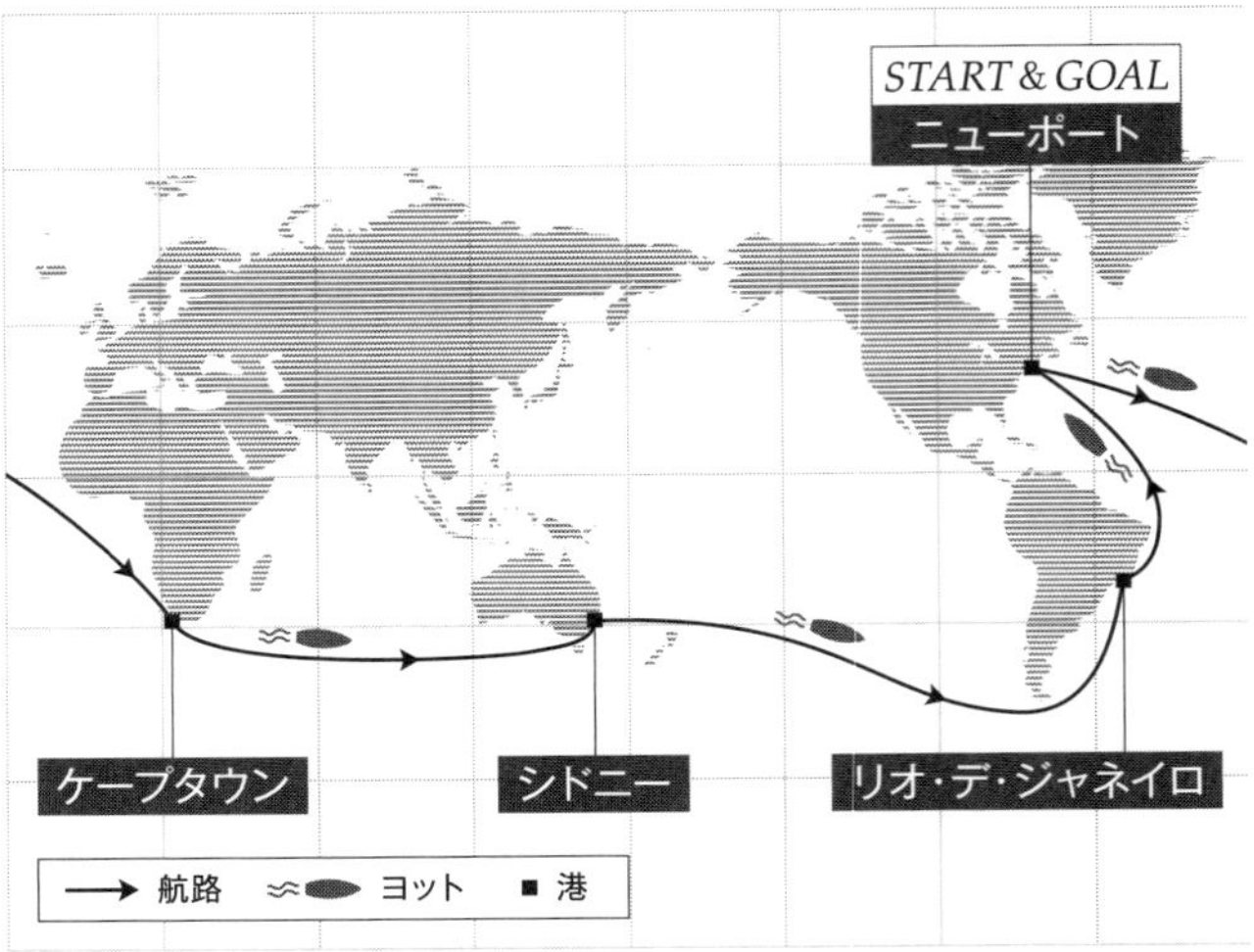

第一回ＢＯＣチャレンジ単独世界一周レースの航路地図。海のパリダカだ

るが、第一回大会にただ一人日本人としてエントリーし、クラスⅡで優勝を果たした人物がいた。故多田《ただ》雄幸《ゆうこう》。僕の師匠である。

このレースに出場する前まで、多田さんは世界的に名の知れたセーラーというわけではなかった。ＢＯＣチャレンジに参加したのは、レースの企画者で自らも出場していたデービッド・ホワイトに誘われたからだ。デービッドと多田さんの出会いは一九七五年に遡《さかのぼ》る。この年二人は、沖縄海洋博を記念して開催されたサンフランシスコ〜沖縄間の太平洋横断単独ヨットレースに出場し、抜きつ抜かれつしながらゴールを目指した。走行距離が一万二千キロを超え、多田さんが沖縄の喜屋武《きゃん》岬を回ったとき、デービッドは三時間前にそこを通過したことを無線で知らされた。だが、海洋博の会場前に多田さんがゴールしても、デービッドの姿はどこにもない。レース関係者にたずねると、彼のヨットはゴールの一キロ前で座礁しているという。

気の毒に思った多田さんはすぐにデービッドを助けに行き、自分のヨット仲間に声をかけて壊れた船を修理したうえ、東京の自宅に彼を泊めた。多田さんは、決して裕福な生活をしていたわけではない。職業は個人タクシーの運転手で、ヨットを始めたのは三八歳。僕が知っている多田さんのアパートは万年床で、部屋の中は足の踏み場もないほど散らかっていた。多田さんがデービッドを自宅に泊めたのは僕が知り合う一〇年も前の話だが、多田さんの部屋はきっと汚かったと思う。それでも多田さんには、「汚くて恥ずかしい」などという気持ちはまったくなかったはずだ。相手が誰であろうと話しかけ、困っていれば助ける。いや、人でなくても話しかける。ヨットの横でイルカがはねるのを見れば、「おめえさんも大変だのう」と故郷の長岡弁でイルカに語りかける人なのである。

デービッドはその後、大西洋単独横断レースに出場してヨット仲間を増やし、イギリスの工業ガス会社ＢＯＣ（British Oxygen Company）をスポンサーにつけて、シングルハンド（単独）の世界一周レースを企画した。沖縄海洋博の記念レースには、多田さんより有名な日本人セーラーも参加していたし、優勝したのも日本人だったが、デービッドがBOCチャレンジに誘った日本人は多田雄幸一人だけだった。何の打算もなく、ごく自然にデービッドを救った多田さんの行為が、名誉あるレースへの出場と優勝につながったのである。

何もしなければ何も起きない

僕がその多田さんと出会ったのは、BOCチャレンジで多田さんが優勝してから二年目、水産高校三年のときだった。高校に入ったばかりの頃は、客船のエンジニアになって世界一周の夢を果たそうと考えていた。しかし学校の舟艇《しゅうてい》部でディンギー（小型のヨット）を走らせて以来、「ヨットで世界一周したい」という気持ちが大きくなってきた。ヨットなら、自分一人の力で世界一周ができる。その可能性が、ツッパリ盛りだった僕を大いに刺激したのだ。

でも、いったいどうしたらそれが実現できるのだろう。その答えを求めて、ヨットや海に関係する本を手当たりしだい読んでみた。そのなかで圧倒的に面白かったのが、多田さんの著書『オケラ五世優勝す』（文藝春秋）だった。多くの難所を越え、船の故障を直しながらの航海記なのだが、本のなかの多田さんは毎日のようにお酒を飲み、寄港地では大勢の人と交流して、とても楽しそうだ。本に載っていたプロフィールを見ると、僕の父親と同じ昭和五年生まれ。このときもう五〇歳を超えていたのに、東京でタクシー運転手をしながらヨットを手づくりし、世界一周レースに優勝したことにも感動を覚えた。

「この人に直接会いたい。ヨットや世界一周の話を聞いてみたい」

自分がわからないことは、それをよく知っている人に会って聞くのがいちばん。これは僕の父親から教わった。

「何もしなければ、何も起きない」

小さい頃から、父はことあるごとにこう言っていた。小学校に入学したばかりの頃、父と外出したとき、駅で聞いたことがある。

「この電車、どこまで行くの？」

父の答えはこうだ。

「あそこに駅員さんがいるから聞いてごらん」

一貫してこんな教育方針だったので、行動力は身についていた。多田さんに会おうと決めた僕は、鎌倉から電車で東京駅へ向かい、駅構内の公衆電話コーナーに置いてある電話帳をめくった。多田…雄幸…あった！　テレビや新聞で紹介された有名人だから、電話帳に番号は載せていないかもしれないと思っていたが、目当ての名前はあっさり見つかった。

その日から何度電話しただろう。ベルの音を聞きながらどきどきして待っていても、多田さんには一向につながらない。高校生の僕はタクシー運転手の仕事時間など考えもせず、いつも昼間や夕方に電話していたのだ。

あるとき、朝の五時近くまで試験勉強をしたあと、多田さんの電話番号を回してみると、「もしも〜し、多田です」。元気な声が聞こえてきた。僕は自分が電話したにもかかわらず、相手が出たことに驚き、同時にこんな早朝にかけてしまったことを後悔した。

最初にあやまってから自己紹介をし、ヨットの話を聞きたいと率直に思いを伝えたら、

「は〜い、わかりました。今度こちらのほうに来なせいや」

多田さんは拍子抜けするほど明るくこう言うと、気軽に自宅の住所を教えてくれた。憧《あこが》れの人にいよいよ会える。電話から数日後、お酒を二本下げて世田谷のアパートを訪ねると、多田さんは禿《は》げた頭をかきながら恥ずかしそうに言った。

「おめえさん、よう来なさったのう」

ヨット史上初の単独世界一周レースに優勝した人なのに、偉そうなそぶりはまったくない。僕が何を聞いても面白おかしく答えてくれるし、ヨットに乗せてほしいと頼んだら「じゃあ今度乗りに来なせいや」と言ってくれた。なんて素敵な人なんだ。このとき感じた印象は、その後一度も変わっていない。

多田さんのヨットにときどき乗せてもらうようになってから、僕は高校を卒業し、専攻科に進んだ。水産高校には三年間の本科のあと、二年の専攻科がある。その機関科に通いながら、取れるだけの国家資格を取った。小型船舶操縦、ボイラー、冷凍、危険物取扱、無線、ダイビング、果てはクレーンまで。シングルハンドで世界一周するためには、何でも自分でできなくてはいけない。だが、いざ卒業が間近に迫ってくると、迷いが生まれた。これだけ資格を持っていれば、就職先はいくらでもある。大きな船の機関士になって世界を一周するのも悪くない。

「多田さん、そろそろ僕、就職シーズンなんですけど……」

さんざん迷ったあげく、僕は電話で多田さんに相談した。すると、多田さんは逆にこう聞いてきた。

「おめえさん、ほんとに世界一周する気があるのか?」

「はい!」

「だったら俺について来い」

「わかりました!」

これで僕の進路は決まった。しかし、就職もしないまま、親に甘えているわけにはいかない。父親にはたった一言、「ヨットで世界一周するために家を出る」と言った。父も一言、「そうか」と返しただけだった。

僕は小学校一年のとき、母親を交通事故で失っている。母の代わりをしてくれたのは、父方の祖母である。父は僕が小学校の高学年になるまで厳しく育て、それからあとは僕のすることを黙って見ていてくれた。

二〇歳で家を出た僕は、カバン一つで多田さんのアパートに向かった。今思えば、あのとき僕は、世界一周の夢へ最初の一歩を踏み出したのかもしれない。

命を賭け合う者同士の絆《きずな》

ＢＯＣチャレンジは一九八二年の第一回レース以来、四年に一度開催されている。そのあいだ、名称がアラウンド・アローン、5《ファイブ》オーシャンズと変わったのは、スポンサーが交代したからだ。出発地点と寄港地も毎回のように変わる。レース開催時には出場者のチームクルー、家族、友人、スポンサーが大勢集まってちょっとしたお祭りになるので、町興《おこ》しの意味から立候補する都市も多い。

これまで八回開催されたレースには、さまざまなエピソードがある。チェコスロバキアから参加した選手が、そのままアメリカに亡命したこともあった。参加者の大半はヨーロッパ、アメリカ、オセアニアのセーラーだが、みな個性豊かだ。第一回レースを多田さんと戦ったセーラーには、新聞記者や市長、建築技師といった経歴を持つ人もいた。

僕がクラスⅡで参加した第六回大会には、五七歳で糖尿病を抱えながら初参加したカナダ人ビジネスマン、ジョン・デニスがいた。製薬メーカーのバイエル社がスポンサーにつき、糖尿病の新薬も提供したのだ。ジョンはサンタクロースのようなヒゲを生やした、温かいおじさんだった。最初の寄港地であるトーベイの港に僕が近づいたとき、先にフィニッシュしていたジョンが夕闇のなか迎えに来て、ゴールまで伴走《ばんそう》してくれた。

残念ながら彼は電気系統の故障で最後までレースをつづけられなかったが、同じ病気を持つ人をどれだけ勇気づけたか、はかりしれない。ジョンのリタイアを責めもせず、最大の賛辞を贈ったバイエル社も粋《いき》な企業だ。

レース後、バイエル社の人と食事をする機会があったので、こう言ってみた。

「バイエル社の薬は日本にもいっぱい入っているので、僕のスポンサーになって」

答えがなかなかしゃれていた。

「いいよ。コージローが糖尿病になったらスポンサーになろう。今日から朝食を一〇回食べな」

いくつかの都市に寄港するこのレースでは、さまざまな人との触れ合いがある。とくに、ともに戦う仲間とは、寄港地で家族ぐるみのつき合いをするし、レース中もメールをやり取りしたり、ときには電話もかける。命を助け合うことだって珍しくないのだ。

シングルハンドの世界一周レースでは、海に落ちたらまず命はない。遭難救助も二日や三日は待たなければならない。自分から近い海域で仲間が危機に陥《おちい》っていれば、レースは二の次でただちに救出に向かう。これは「美談《びだん》」ではない。明日は我が身、との実感があるから、まっしぐらに仲間を救いにいくのだ。ヨットの性能や通信技術が格段に進歩した今も、危機はそこかしこにある。だから、ともに戦うレーシング・セーラーは、最高のライバルであり、堅い絆で結ばれた仲間でもあるのだ。

師匠の魂とともに世界の海を行く

不運なことに、これまでレース中に命を落としたセーラーもいる。僕の師匠、多田さんと一緒にレースを戦ったジャック・ド・ルーもその一人だ。ジャックは元フランス海軍の潜水艦乗りで、ヨットの腕前も一流である。そのジャックが第2回BOCチャレンジで落《らく》水《すい》してしまった。

レースに参加する船は発信器を積んでいるので、大会本部では常に位置が確認できる。あるときトップで走っていたジャックの船が同じ位置でぐるぐる回りだしたので、大会本部から周囲の船に救助要請が出された。ジャックの船からSOS信号は発信されていなかったが、明らかに異常事態だ。仲間の一人がジャックの船を発見したが、ジャックは乗っていなかった。何かの拍子に海に落ちたのだろう。船室にはランチの用意がしてあったという。

ジャックは第一回BOCチャレンジでも最初はダントツの一位だったが、途中でマストが折れ、船が沈む寸前に仲間によって救助された。世界一周レースでは、いくらヨットの腕が良くても勝てるとは限らないし、無事に帰って来られる保証もない。海での「遭難《そうなん》」と聞くと、たいていの人は船が沈む場面をイメージすると思うが、シングルハンドレースを戦う僕らがもっとも恐れるのは落水、つまり海中に落ちることである。

ハリー・ミッチェルの場合は、第四回のレース中、「船乗りの墓場」と呼ばれるホーン岬で、船ごと海のなかに消えてしまった。また、この第四回レースでは、マイク・プラントも命を落としている。スタート地点まで船を回航している最中、キールのバルブが抜け、船がひっくり返ってしまった。船はあとで発見されたが、マイクは見つからないままだ。

僕の師匠、多田さんも一九九〇年に開かれた第三回のレース中に死んでしまった。航海中の事故ではなく、寄港地シドニーでの出来事だった。多田さんにとっては第一回大会に次ぐ二度目の出場で、自らつくったオケラ八世号に乗って出港地ニューポートから元気よくスタートしていった。

初めて世界一周レースのサポートをした僕は、出港前に多くのセーラーたちと肩を組み、抱き合い、旧交を温める師匠を見て感動したものだ。そのなかには、世界で最初に単独無寄港世界一周を成し遂げたロビン・ノックス・ジョンストンも、第一回レースのクラスⅠ優勝者でフランス政府から勲章を授与されたフィリップ・ジャントウもいた。僕にとっては雲の上の人、憧れの存在である。

フィリップのそばで緊張していた僕を見て、あとで多田さんはそっと教えてくれた。

「一回目のレースのとき、フィリップはブラジルで女の子に追っかけられて大変だったよ。あいつの英語、そんなにうまくないんだ」

めちゃくちゃな英語では多田さんも負けていないはずだが、まるで臆《おく》することなくユーコー英語で誰とでも親しげに話している。ニューポートでの多田雄幸は、世界的に有名なセーラーを凌《しの》ぐほどの人気者だ。ヨットだけでなく、人づき合いに関しても師匠は天才だった。

第一レグ（スタートから最初の寄港地まで）を無事に走り、ケープタウンに入港すると、多田さんは上機嫌で意気揚々《いきようよう》とサックスを吹いていた。だが、ケープタウンからシドニーへ向かう第二レグに入ると、多田さんの船の動きがおかしくなった。船の位置は大会本部から毎日送られてくる情報で確認するのだが、ほかの船が順調に進むなか、多田さんの船だけが明らかに遅い。しかも、コースも一人だけ外れている。大会本部に問い合わせると、多田さんからの無線がしばらく途絶えているという。師匠の身に、何か異変が起きているのかもしれない。

東京でアルバイトをしながらレースを見守っていた僕は、予定を早めてシドニーに飛んだ。多田さんは無事シドニーにゴールしたが、いつもとは様子が違う。「お帰りなさい！」と声をかけると、「疲れたよ」と言い、しばらく間を置いてから航海中の話をしてくれた。オケラ八世号は荒れる南氷洋《なんぴょうよう》で一日に三度もひっくり返り、一度は真っ逆さまになったという。その夜から多田さんは、タクシーで断崖《だんがい》から落ちる夢を見るようになっていた。

「コーちゃん、わしゃもう疲れたよ」

僕がそれまで間近で見ていた多田さんは、どんなに厳しい状況のなかでも楽しみを見つけ、「自然と遊ばせてもらっている」と言っていた。弱音を吐くのを聞いたのは、初めてのことだった。

入港後、多田さんはシドニーに住んでいた親戚の家に滞在したが、部屋から一歩も出てこない。僕が毎日オケラ号の整備を終えて訪ねていっても、師匠はいつも壁に向かってじっと座っているだけだった。あれほど好きなお酒も、まったく口にしていない。

「コーちゃん、すまんの」「コーちゃん、すまんの」

僕が何を話しても、こう繰り返すだけ。第二レグのスタートまでに船は何とか整備したが、多田さんはほとんど引きこもったままで、結局リタイアすることになった。

実は多田さんは、以前から躁鬱《そううつ》病にかかっていた。人前では陽気な面を見せているが、人一倍繊細で責任感が強い人でもある。日本に戻ったらみなさんに顔向けできない、と思いつめたのか、多田さんは帰国を頑《かたくな》に嫌がった。

結局僕が一人で先に帰り、スポンサーや応援してくれた人たちにリタイアの報告とお詫《わ》びをして回った。多田さんの訃報《ふほう》を聞いたのは、お詫び回りが一段落し、多田さんのお兄さんがシドニーまで多田さんを迎えにいくと決まったときだった。

「次はこのヨットでコーちゃんが世界一周するといい。そのときは俺がサポートするから」

レースが始まる前、そう言ってくれたのに、僕はそれを楽しみにしていたのに、師匠は僕を残して自ら命を絶ってしまった。

僕はオケラ八世号を引きとり、その後「スピリット・オブ・ユーコー号」と名前を変えたこのヨットで、世界一周の夢を叶えた。二度目、三度目の世界一周では船を変えたが、名称はそのまま残してある。僕は多田さんのような天才セーラーではないが、どんな状況のなかでも臆さず、楽しみを見つける精神は受け継いだと思っている。

自然と遊ばせてもらう

ヨットの素敵《すてき》なところは、自分を見つめる時間が長いことだ。海の上にいると、世の中の雑念に振り回されることなく、天地自然と対峙《たいじ》できる。海は人間がつくりだしたものではないのだ。人知《じんち》の及ばない大自然を相手にすると、いやでも自分の非力さ、小ささを実感せずにはいられない。

「自然を守ろう」という言葉は大都会のなかで聞くと響きがいいが、たった一人で大自然に抱かれていると、人間はただ自分たちの都合のいいように自然を守ろうとしているだけだと気づかされる。

「海の上って何もないいんじゃないですか？」

よくこう聞かれるが、海には「何もない」というものがある。禅問答《ぜんもんどう》のようだが、これが僕の答えだ。そして海は、人が生きていくうえで大切なことを教えてくれる。海がひどく荒れているときは、人間一人がどんなに頑張ってもかなわない。あやまっても、祈《いの》っても、大自然はまったく関知してくれない。そんなときは自分の判断を信じ、できるだけのことをして身をまかせるだけだ。

風がないときは、ひたすら我慢しながらいい風を待つ。「波風《なみかぜ》が立たない」状態は、セーラーにとって苦痛でしかない。このときは、何もしないんじゃない。「待つ」ということをするのである。じっと耐え忍んでいると、大自然は思わぬプレゼントをくれる。風がピタッと止んだ夜、空に輝く満天の星が鏡状になった海原《うなばら》に映るのだ。ヨットの周りは、見渡す限り星、星、星で埋め尽くされる。こんな夜は、自分の存在が宇宙の一部であると感じて、何とも言えない感動がこみあげてくる。

ヨットでの世界一周を夢見て多田さんに弟子入りしてから二四年が過ぎた。そのあいだに僕が経験したことを、今は子供たちに伝えている。レースの進行に沿って、洋上から小学校高学年の子供たちに「冒険授業」をするのもその一つだ。

冒険授業では、海、地理、世界の文化、歴史、語学、地球環境、冒険、気象、栄養学、科学、

コンピュータ技術など、さまざまなことが題材になる。たとえば出場するスキッパーにはどこの国の人がいるか、どんな言語を話すのか、その国にはどんな歴史があるのか。これが地理や歴史の勉強になる。ヨットはどんな仕組みで走るのか、スピードはどのくらい出るのか、自分の位置はどうやって知るのか、風はなぜ吹くのか。この疑問を追いかけていくと、理科や算数が自然と身につく。レース中は何を食べるのか、お風呂やトイレはどうなっているのか。これで保健体育の授業ができる。

このプログラムはアメリカが先進国で、二回目の単独世界一周レースの開催に合わせ、「スチューデント・オーシャン・チャレンジ」の名前で始まった。クラス単位で参加する子供たちは、それぞれ応援するスキッパーを決めて、授業に臨む。学科の勉強だけにとどまらず、自分が応援するスキッパーの命を賭けた人生ドラマも追体験していくのである。

第三回レースに出場した多田さんにも小さな応援者がいて、手紙をたくさんもらっていた。その子たちの多くは、多田さんを通じて日本の国や日本人の頑張りを知ったはずだ。でも、多田さんは途中で死んでしまった。そのニュースを、彼ら、彼女らはどう受け止めたのだろう。ショックを受けたり、夢が壊れてしまった子も多かったのではないか。

のちに僕はこの授業を取り入れていたアメリカ人の先生に出会い、話を聞いた。多田さんの死を知ったあと、先生は「自殺とはなんだろう」という授業をしたという。

「単独世界一周レースは筋書《すじが》きのないドラマです。生きて帰って来られるという保証もありません。とにかく全力で世界一周する。そのなかでは、死も人生の一つなのです」

先生の言葉に衝撃を受けた。重い現実から目をそらさず、子供たちと話し合うなんて素晴らしい。たった一人で世界一周をしたことで、僕にも思いがけないたくさんの出会いがあった。この先生との出会いでは、ヨットを通じて行なう授業の意味を痛感させられた。

これまで体験したことを多くの人に伝え、勇気や希望を広げていくのは僕の使命だと思っている。子供たちだけでなく、お母さんたちやビジネスマンを対象にした講演も増えてきた。でも、講演に行った僕のほうが教わることも多い。まだまだ僕も修行《しゅぎょう》の身である。

■ 第２章

大きなことを成し遂げるにも一歩から

悔いのない出航準備

大きなことは小さな努力の積み重ねでできる

「すごいですね。ヨットで世界一周するなんて、よくそんなことができますね」

出会った人にこう言われることが多いが、自分では特別なことだとは思っていない。僕は魔法を使ったり、他の誰も持っていない特殊技術を使って世界一周したわけではないからだ。どんなに大きなことも、小さなことを少しずつ積み重ねていけば達成できる。富士山だって、最初は頂上が見えなくても、三〇センチの一歩を繰り返して登れば、必ずてっぺんに立てる。とても渡れそうにない大海原《おおうなばら》も、コップでヒュッとすくえる水のつながりだ。とにかく大きなものは、小さなものからできているのだ。自然がもたらす凪《なぎ》や嵐と調和を保ちながら進んでいけば、ゴールにたどり着ける。

ただし世界一周ヨットレースの場合、スタート地点に立つまでが難しい。準備期間に長い時間がかかることも、難しさの一つだ。今まで単独世界一周を達成した人間は、宇宙飛行士よりはるかに少ない。新艇をつくって入念に準備するなら造船に一〇ヶ月、準備に半年はかかる。だがその前に資金が必要なので、レースの二年ぐらい前から動き出さなければならない。実はスタートまでの一番の難関が、このスポンサー探しである。

二〇〇六年に開催される5オーシャンズのレース発表会は、その前年に行なわれた。会場には二〇人以上のセーラーがクラスⅠへの出場を希望して集まったが、その後正式にエントリーしたのは八人、実際にスタートしたのはたった六人。参加できなかった人の理由は、大半が資金難だった。

世界一周ヨットレースには数億円のお金がかかるが、応援するレーサーが優勝しても宣伝効果はあまり期待できないため、スポンサーにとってはメリットが少ない。ヨットレース自体が知られていない日本ではなおさらだ。

スポンサーになればヨットのセールや本体に企業名や商品名が入るが、テレビによる生中継があるわけではない。フランスなどではレースの経過がスポーツ紙はもちろん一般の新聞でも報じられるが、日本では新聞、雑誌もまずほとんど報道しない。

しかもレーサーがリタイアする危険も大きく、死亡するリスクもある。スポンサーにとっては限りなく「ハイリスク・ノーリターン」に近いレースなのだ。

ヨットレースが盛んでチャレンジ精神を重んじるヨーロッパでは、保険会社や銀行などが「危ないレースだからこそ援助しよう」とスポンサーになったりする。それでもやはり、参加者にとってスポンサー探しは至難《しなん》の技《わざ》で、自宅や店、車を売り払って出場する選手もざらにいる。

二〇〇六年の参加者のなかでは、マイク・ゴールディングとアレックス・トンプソンが有力スポンサーの獲得に成功した。マイクをサポートしたのはエコバというベルギーの洗剤会社だ。社名の「エコ」はエコロジーの「エコ」で、地球環境に配慮《はいりょ》した製品をつくっている。まさにエコロジーな乗りものであるヨットにぴったりのスポンサーだが、この会社がマイクを支援したのはマイク自身の努力によるところも大きい。

ヨットのインストラクターだったマイクは仕事を通じてエコバの会長と親しくなり、自分の息子に会長と同じ名前をつけることまでやってのけた末、数億円を引き出した。シングルハンドヨットレーサーは有能な営業マンであることも重要な条件だが、その意味でマイクは最高の営業マンだ。

アレックスは二四時間シングルハンド走行距離の記録保持者だが、スポンサーにはなかなか恵まれなかった。しかしついに、ヒューゴ・ボスという大物スポンサーに巡り会う。スピードレーサーのアレックスは、かつてＦ１レースのスポンサードもしていたヒューゴ・ボスのブランド・イメージとぴったり重なったのだ。アレックスは年間四億円で複数年の契約を結び、新艇を手に入れてレース前の準備に入った。

資金不足で新艇をつくれなかった僕は、５オーシャンズのスタート地点に到達する前からマイクとアレックスに水をあけられていた。

潔《いさぎよ》く諦《あきら》めたとき、光が見えてくる

スポンサー探しでは、二〇代後半に苦い経験をした。二〇歳で弟子入りした僕は、五年もしないうちに師匠の多田さんを失い、「今度はコーちゃんがこれに乗れ」と多田さんが言ってくれた船も失いかけていた。メインスポンサーとして大半の造船費用を提供した会社が、オケラ号を売りに出したのだ。師匠の愛艇オケラ八世号は、シドニー近くの港に係《けい》留《りゅう》されたまま新しい持ち主を待っている。もちろん僕は喉《のど》から手が出るくらいほしかったが、肝心の資金がまったくない。

このままでは人手に渡ってしまう。僕は焦ったが、オケラ八世号にはなかなか買い手が現れなかった。スキッパーが自殺したという、いわくつきの船になってしまったからのようだ。長く停泊しているうち、オケラ八世号に泥棒が入り、船内の計器や備品をごっそり盗まれる事件も起きた。

なんだかオケラ八世号が不憫《ふびん》に思えてきた。やっぱりこの船は、僕が手に入れたい。それを実現するには、父親の力を借りるほかはなかった。

どうしても多田さんの船で世界一周がしたい。その熱い思いを語り、「お金を貸してほしい」と、生まれて初めて父に頼みごとをした。

「冒険に金は出せない。もしお前が海で遭難したら、俺は一生その海を探しつづけなければいけない」

やっぱりだめか。父がこう言ったのを聞いて、一瞬そう思ったが、父の話にはつづきがあった。

「でも、もしお前がセーリング用にヨットをほしがっていて、ちょうどいい船が安く売り出されているなら考えてもいい」

こうして僕は、父親に数百万の借金をして師匠の形見《かたみ》でもあるオケラ八世号を手に入れた。危険なことはしてほしくないが、子供の夢は叶えてやりたい、という親の心が身にしみた。

世界一周へ向けて具体的に動き出したのは、シドニーに係留していたオケラ八世号を日本へ回航してからだった。その頃僕は、フランスで開かれた初の単独無寄港世界一周レースで二七歳の青年が完走し、ヨットによる単独無寄港世界一周の最年少記録を打ち立てたことを知った。当時二四歳だった僕が無寄港で地球を回れば、世界記録を更新できる。まずこれを成功させて、多田さんが出場したレースへの足がかりにしようと考えた。

目標は定まったが、問題は資金である。船はシドニーでも修理を行なったが、世界一周に耐え得る船にするには、少なくとも二〇〇〇万円は必要だ。僕は生まれて初めて企画書というものを書き、慣れないスーツを着込んでスポンサー探しを開始した。多田さんや故植村直己《うえむらなおみ》さんのつてをたどり、毎日のように企業を回る。バブル経済がはじけ、冷え込んでいた時代だったが、僕には「世界記録に挑戦する」という武器がある。スポンサーになってくれる企業はぜったいにあるはずだ。

だが、半年間足を棒にして歩いても、お金を出してくれる企業は一社も見つからない。訪ねた三〇数社のうち、多くの企業が「素晴らしい計画ですね」と理解を示す言葉を返してくれたが、そのあと何度問い合わせても「まだ検討中で……」と言われるばかり。これが苦《にが》い現実だった。

出港を一九九二年の一〇月と決めていた僕は、この年の春が終わる頃、スポンサー探しをきっぱりと諦めた。でも、夢を投げ出したわけじゃない。資金はゼロだが、「世界一周したい」という情熱だけは誰にも負けない自信がある。

僕は決死の覚悟で伊豆松崎町《まつざきちょう》の岡村造船所へ向かい、親方の岡村彰夫さんの前で土下座した。

「どうしても多田さんのヨットで世界一周したいんです。でも、今の船の状態では無謀な賭けになってしまう。船の大改造が必要なんです。どうか僕を助けてください！　ただし、今僕には一銭もお金がありません」

岡村の親方には、このときすでに大きな借りがあった。シドニーから船を持って来たのはいいが、日本の港に係留するには何十万円もの費用がかかる。僕はこの時点でまた難題にぶち当たっていたのだが、それを知った岡村さんが松崎の港に無料で停泊できる手筈《てはず》を整えてくれたのだ。

その恩人にまたしてもむちゃなお願いをして、僕はひたすら頭を下げていた。岡村さんは僕の話を聞いたあと少し間を置いてからこう言った。

「俺はコーちゃんが松崎に船を置いたときから、そのつもりだったよ。道具や工具は好きなだけ持っていけ。飯もうちで食えばいい。お前の好きなようにやってみろ！」

ありがたくて、うれしくて、言葉も出なかった。この日から僕は岡村さんの家に居候《いそうろう》し、オケラ八世号の修理にとりかかった。岡村家の人々は、居候の僕を家族のようにもてなし、身内だけの集まりにも必ず僕の席を用意してくれた。そのうえ僕が「お姉さん」と呼んでいる奥さんの料理がたまらなくうまい！　それまでとくに親しかったわけでもない僕を快く迎えてくれた岡村さん、奥さん、ご家族の皆さんを思い出すとき、今でも感謝の気持ちでいっぱいになる。

スポンサー探しを諦《あきら》めたことで、僕は一生の恩人に出会えた。「諦《あきら》める」ことは悪い決断ではない。諦めなければならないこともある。しかし、やめてしまうことや、投げ出すことではない。「諦める」とは「明《あき》らかに、見極《みきわ》める」という意味なのである。

懸命《けんめい》に努力する姿勢を示せば、救いの手は現れる

最初のスポンサー回りをしていた頃、僕はまだ世間知らずの生意気な小僧だった。僕の

といういうことに夢は「ヨットでの世界一周」だったはずなのに、「単独無寄港の世界記録更新」ということにポイントが傾いていた。「これに成功すれば御社《おんしゃ》のメリットも大きい」などと企画書に書き、自分では何も努力しないうちから、ただ人さまのお金を当てにしていたのだ。金も実績も人脈もないくせに、僕なら世界記録を塗り替えられると浮かれている無名の二四歳に、誰が大金を出すだろう。それなのにあの頃の僕は「こんなに一生懸命頼んでいるのに、なんでわかってもらえないんだろう」とスネていた。あとで考えてみれば、スポンサーが見つからないことは当たり前の結果だった。

でも、あのときの経験は勉強になったし、貴重だったと思っている。支援を片っ端から拒否されたことで、自分のちっぽけさや、今立っている場所がはっきりと見えたのだから。「俺には何もない」ことが、明確になり、初心に帰れたことは実によかった。

松崎の岡村宅に居候してからは、毎日泥まみれになりながら船の修理に没頭した。岡村の親方が僕の専属スタッフとしてつけてくれた山本房男さんは器用な人で、ずいぶん助けてもらったが、二人だけで修理するには無理がある。とくに軽すぎるキールは設計からやり直さないとならない。

僕はまたしても、いろいろな人に頭を下げた。多田さんをサポートしていた故渡辺修司

岡村親方の厚い支援に涙がでた

先生は「多田さんの弔《とむら》い合戦だ」と大急ぎで新しいキールを設計してくれ、親しくなった鉄鋼屋さんが「金は出世払いでいいよ」と製作を引き受けてくれた。岡村の親方から紹介してもらった松崎の人たちにも、僕は「力を貸してください」と、ひたすら頼み込んだ。

言葉自体は、スポンサーを探して企業を回っていたときとたいして変わらなかったかもしれない。でも、このときの僕は自分の非力さを十分自覚し、夢を実現するために自ら汗も流していた。多分、その情熱が伝わったのだろう。松崎では細田栄作さんを中心にモンテナイト・ヨットクラブのメンバーや青年会議所の人たち、それに小学校の先生までもがキツイ肉体労働を手伝ってくれた。

松崎で船を修理しているあいだ、東京からもうれしい連絡があった。多田さんの親友でもあった設楽《したら》敦生さんが、世界一周の資金として数百万円を出してくれるという。設楽さんは当時文藝春秋の雑誌『ナンバー』の編集長で、会社にかけ合ってお金を工面してくれたようだ。僕にとって、初めてのスポンサーである。

普通なら、「セールにナンバーのロゴを入れろ」とか条件をつけそうなものだが、設楽さんはこう言っただけだ。「この金はお前にやるから好きなように使え。世界一周をやめるなら、これで車を買ってもいいんだぞ」

なんてかっこいい人なんだ。設楽さんがスポンサーになってくれたすぐあと、植村直己さんの奥さんである公子《きみこ》さんと、文藝春秋のカメラマンをしていた安藤幹久さんからも連絡があり、僕を励ます会を開いてくれるという。

一万五〇〇〇円の会費で開催し、少しでも僕の世界一周資金を集めようと計画してくれたのだ。このパーティーには二〇〇人もの人が参加し、これをきっかけにスポンサーになろうという企業も現れた。僕が自己中心的にスポンサー回りをしていたときには協力者が現れなかったが、松崎にこもって必死にヨットの修理を始めたら、多くの人が向こうから手を差し伸べてくれた。人に頼る前に、自分自身が夢に向かって純粋に努力する姿勢を示せば、人の心を動かすことができる。甘いスポンサー探しで鼻っ柱を折られ、痛い目にあったことで、僕は少し大人になれた。

相手に何をしてもらうかではなく、相手に何ができるかだ

たくさんの人に助けられて、僕は単独無寄港世界一周に成功し、世界最年少記録を更新することができた。スタート地点でもある松崎港にゴールしたのは一九九四年三月二八日、一七六日間の航海だった。

次の目標は多田さんが優勝した単独世界一周レースへの出場だったが、これを叶《かな》えるまでに八年の月日が流れた。理由はやはり資金不足である。実を言えば二〇〇二年の大会にようやく出場できたときも、資金は目標額に及ばなかった。だが、スポンサーと心をつなぐことができた。

一度目の失敗から学んだ僕は、スポンサーとよく話し合い、じっくりとつき合うようになった。最初からお金の話をしないようにした。企業にだっていいときも悪いときもある。

長くつき合って信頼関係ができれば、企業にゆとりがあるときに支援してもらえるかもしれない。それが叶わなくても人間同士の信頼関係は僕の心の財産としてずっと残る。そう考えたのだ。

実際、感動的なことがあった。最初の世界一周を目指して僕が松崎で居候生活をしていたときに知り合ったある製薬会社の社員の方が、一〇年後に大きなスポンサーになってくれたのである。出会った頃は静岡支店勤務で、ヨット修理に没頭していた僕を励ましてくれた。一回目の世界一周のときは、多くの自社製品を持ってきて、「お金を出せなくて悪いね」と言っていた。その後もおつき合いをつづけていたら、彼はどんどん出世して大きな部門の担当になり、僕がアラウンド・アローンで二度目の世界一周をするときにお金を出してくれたのだ。そのこともちろんうれしかったが、僕が感動したのはその担当の方の涙だった。

「やっとコーちゃんにお金を出すことができたよ」

レース後の完走パーティの席で、心の底から喜んでいただいた。お金を出す側の人間が泣いて喜んでくれるなんて、僕はなんて幸せなセーラーなんだろう。

僕にとって三度目の世界一周となる5オーシャンズでは、多くの企業がスポンサーとなってくれた。どのスポンサーも本当に長いあいだ僕を支えてくださる。あるコンピュータ会社の会長は、ご自分もヨットに乗られるので、僕に興味を持ってくれたらしい。初めて会長室で会ったとき、「白石君、これ見て！」と、いきなり写真を差し出した。会長がイージス艦・金剛《こんごう》に乗っている写真だ。

「えっ、会長、金剛に乗船したなんて、すごいですね。民間人はめったに乗れないのに、よく乗れましたね！」

「白石君、やっぱりすぐわかってくれたか！」

人の行動には必ず動機がある。会長はこのとき、なぜ僕に写真を見せたのか。僕なら、その写真の意味をわかると思ったからだろう。この一瞬の会話で意気投合し、スポンサーになっていただいた。

アラウンド・アローンを四位で終え、会長の元へあいさつに行くと、「来年も契約しよう。一〇〇〇万円出す」と言ってくれた。大変ありがたい話だが、僕は丁重《ていちょう》にお断りした。

「来年はヨットレースがないのでいりません。でも、四年後に同じレースのクラスⅠにどうしても出場したいんです。今まで日本人は誰もクラスⅠに出ていません。もし年間一〇〇〇万円出してくださるのであれば、それを毎年貯《た》めておいてください。四年後にもっと成長してそのお金を取りに来ます」

すると、会長はこう言った。

「よし、わかった。君に一億五〇〇〇万円出そう」

会長には、僕の真剣味が伝わったのだと思う。こいつはお金がほしいわけじゃない、心の底からクラスI出場を願っている、そう感じとって、僕の意気込みを買ってくれたのだろう。

僕のスポンサーになってくれる人は、気風《きっぷ》のいい人が多い。八海山《はっかいさん》の社長、南雲二郎《なぐもじろう》さんもその一人である。二郎さんには僕が駆け出しのころからお世話になっている。アラウンド・アローンで乗った船をニューポートから日本に持って来ようと思っていた僕は、何人かのスポンサーに声をかけた。二郎さんは真っ先に数百万円を用意してくれたが、そのあとがつづかず、船はアメリカで売却することにした。

「目標の金額に達しなかったので、船は向こうで売ります。用意してもらっていたお金は必要なくなりました」

二郎さんにそう言ったら、「だめだ。もう決済しちゃったからこの金はお前が持っていけ」と、あくまで僕にお金を渡そうとする。

「気持ちはありがたいですけど、使わないお金をいただくわけにはいきません。決済してしまったなら、それを四年間貯めておいてください」

この数百万円は、四年後、数千万円になって僕のところへやってきた。二郎さんはスポンサーであると同時に、良き兄貴分でもある。

若いころからお世話になっているある警備会社の会長さんと社長さんにも、日頃から教わることが多い。お二人の気質《きしつ》を表すように、この会社はスポンサーとしてお金は出してくれるが、決して口は出さない。選手を競技に集中させてくれる最高のスポンサーだ。

良いスポンサーに恵まれれば、選手は自《おの》ずと「スポンサーに報《むく》いたい」と思うようになる。ただし、すべてのスポンサーが僕に対して同じ望みを持っているわけではない。だから僕はますますスポンサー企業の社長やスタッフと話す機会を大事に思うようになった。相手が僕に何をしてくれるかではなく、僕が何をすれば相手が喜んでくれるのか、それを見つけるためである。

事務所の紹介で出会った鹿児島の酒造会社の社長さんは、初めてお会いしたときに「世界中の海辺の町に自社の焼酎《しょうちゅう》を置くのが夢」だと話をされた。少しでも協力できないかと思い、まず僕は社長さんにこう言った。

「それならぜひ、アラウンド・アローンの開催地ニューポートに来てください。とにかく素晴らしい港町ですから」

社長さんは本当に来てくれ、一緒にお酒を飲んでいるうちに数百万円の支援を決めてくれた。僕がお金の話をまったく切り出さなかったので、かえって「援助したい」という気持ちになったそうだ。僕を支援してくれる人たちは、数字で表せるもののほか、熱い気持ちもたっぷりとくださる。

限られた状況のなかで自分のベストを尽くす

三度目の世界一周となる5オーシャンズ出場の準備は、二億円以上の支援金をいただいてスタートした。ふつうの暮らしのなかで考えれば巨大な金額だが、単独世界一周レースにクラスⅠで出場するための資金としては、これがぎりぎりの額だ。

数ケ所の町に寄港しながら世界を一周する5オーシャンズでは、新艇づくりに約3億円、そのほか停泊地で船を整備するための費用や、整備用具や食料を運ぶコンテナの輸送費、スキッパーをサポートするクルーの人件費など、なにかとお金がかかる。資金力に恵まれたチームは、六億円以上を費やす。これぐらいないと、優勝は狙えない。

しかし、他のチームと資金力を比べても意味がない。限られた条件のなかでベストを尽くせばいいだけのことだ。

前回のこのレースはクラスⅡでの参加だったので、六〇フィートのクラスⅠ艇をまず手に入れなければならない。僕がいちばん大事にしている条件は、「この船となら一緒に死ねる！」と思える船であること。一〇〇日以上をともに過ごすだけでなく、まさに生死を賭けた航海になるので、とことん惚《ほ》れた船でなければ一緒に死ねない。性能の良さはもちろん、見た目の美しさも重要なポイントである。

とは言っても、自分の理想通りの新艇をつくる予算はない。中古の船を探すと、三艇候補が見つかった。価格は一億二〇〇〇万円、九〇〇〇万円、六〇〇〇万円。このうちもっとも高い船はたしかにいい船だったが、レースまで残り半年でこの船をうまく操縦《そうじゅう》できるようになるのは難しい。レース用の中古ヨットを買った場合、前の持ち主に扱い方を聞きながらスキルをあげていくのが好ましいが、この船の持ち主は別のヨットで長いレースに出場している最中だったのだ。

六〇〇〇万円の船も悪くはなかったが、これで世界一周レースに挑《いど》むには、性能的にやはり無理がある。残るは九〇〇〇万円の船だ。前の持ち主はドミニク・ヴァーブというスイス人で、僕と同じシングルハンドのレーシング・セーラーである。ドミニクはさまざまなヨットレースに出場しているが、5オーシャンズにはエントリーせず、この船を売ったお金でより高性能な船を手に入れ、つぎのレースに備えようとしているところだった。レーシング・セーラーはみんな、このようにして実績を積み重ねながらレースのグレードをあげていく。

僕はドミニクの船を買うことにした。僕にとって初めての、待望の六〇フィート艇だ。多分、よほどヨットに詳しい人でなければ、どのぐらいの大きさかわからないだろう。メートルで説明すれば、縦が約一八メートル、横が五・五メートルほど。大型のバスを縦横に二台ずつ並べたぐらいの大きさ。思ったよりでかいでしょ?

マストの高さは、前に乗っていた五〇フィート艇より一〇メートルも高い二八メートル。ビルの七~八階に相当する高さだが、航海中マストにトラブルが起きたら、激しく揺れるなかをよじのぼって修理しなければならない。

横に倒して検査中の60フィート艇

　メインセールはおよそ二三〇平方メートル。坪《つぼ》にすると七〇坪で、庭つきの大きな家が建てられるほどの広さである。このセールの重さは二〇〇キロを超えるが、レースではこれを一人で操《あやつ》らなければならない。これも僕には未知の体験だ。

　ヨットを買うに当たって、僕はオーナーのドミニクに「二週間僕と一緒に乗ってコーチをしてほしい」という条件をつけた。この船で世界を一周しているドミニクは、船の性能や癖、操作方法を知り尽くしている。初めて乗る僕には、状況に応じたセールのセッティングも、壊れやすい箇所も、走りながら試してみないとわからない。スピードにしても机上の計算ではわからないので、これも実際に海で走らせて測る必要がある。しかし、それらすべてに精通しているドミニクに聞けば、必要なデータや情報が一度に得られるのだ。信頼できるセーラーが乗っていた中古艇を買うことは、世界一周のテストセーリングを終えた船を買うことに等しい。

ドミニクとは別に、コーチはもう一人雇った。元レーシング・セーラーで、僕が多田さんの弟子だった時代から知っているジョシュ・ホールである。ジョシュはレースを引退してからコーチやコーディネートを職業にしていたが、このレースでは準備段階からフィニッシュまで、僕のチームの専属コーチになってもらった。

初めてクラスIの船を操る僕が、中古艇をどれくらいうまく扱えるか。これが今回のレースのキーポイントである。そのためには、最良のコーチとスタッフを揃える必要があったのだ。

一生懸命やっていれば必ず誰かが見ていてくれる

単独で世界一周のスピードを争う5オーシャンズは、チーム戦という側面もある。出港の準備や寄港地での修理をするサポートクルーの腕や、全体のチームワークもレースに関わってくるからだ。

前回このレースに出場したときは、イギリスに住むアイルランド人トニーと奥さんの曜子さんが、友だちを集めていろいろな面からサポートしてくれた。曜子さんは多田さんのお兄さんの娘さん、つまり僕にとっては師匠《ししょう》の姪《めい》に当たる人である。トニーは電気技術を学ぶために新潟に留学したとき曜子さんと知り合って結婚し、今はイギリス暮らしをしている。

トニーは船の修理を手伝ってくれるし、バイリンガルの息子ショーンは僕が日本語で書いた航海日誌を英訳したり、大会本部が英語で送ってくる情報を日本語に直してくれるので本当にありがたい。トニー・ファミリーのサポートなしでこのレースはできなかっただろう。

そうそう、トニーはちょっとした「スパイ」も演じてくれた。お酒が大好きなトニーを夜な夜なバーに送り込み、敵チームの情報を探ってもらったのだ。たとえば「あのチームでセールが余っているらしい」などと話を聞いたら、すかさず交渉してセールを安く手に入れたりする。僕らのような低予算チームは、情報戦にも長《た》けていなければならない。

曜子さんには、イギリスに行くたび美味しい和食を食べさせてもらっている。多田さんの形見の品が置いてあるトニーと曜子さんの家で、多田さんの思い出話をすることもある。多田さんは僕の世界一周を見ないうちに亡《な》くなったが、今も僕は多田さんに見守られているような気がする。

トニーと曜子さんたちは前回のアラウンド・アローンでも僕を助けてくれたが、今回の僕にはトニー・ファミリーのほか、プロのサポートクルーもついていた。二度目のレースで、僕は初めてきちんとしたサポートチームを結成したのだ。名づけて「チーム・ユーコー」。前にも書いた通り、船は変わっても名称は師匠の多田雄幸にちなんだ「スピリット・オブ・ユーコー」のままである。

では、チーム・ユーコーのクルーを紹介しよう。まず僕のコーチでもあり、全体をオーガナイズしてくれるジョシュ・ホール。六〇フィート艇でのレース経験も豊富なので頼りになる。

ローランはフランス人のヨット職人で、なかなかいい腕をしている。船の整備全般が彼の仕事。今まで数多くの船を整備してきた、信頼できる存在だ。男前で性格もおとなしいのだが、なぜか独身。海洋写真家の矢部洋一さんは、カメラマンとスタッフを兼ねている。

長澤将司、通称マサの担当は業務一般。僕らが仕事をしやすいようにこまごまと頑張り、料理や写真の腕をめきめきあげていった。

チーム・ユーコー（左から僕、トニー、マサ。前列はローラン）

最後に紹介するデービット・トンプソンは、セールやマスト、ロープなど艤装品《ぎそう》を担当してくれた。実はこのデービッド、クラスⅠにヒューゴ・ボス号で出場するアレックス・トンプソンの弟である。「デービッドがコージローのチームに入りたがっている」と、ジョシュが連れてきたのだ。弟が兄のライバルチームのクルーになるなんてめったにないと思うが、ライバルの弟を雇《やと》えば何かと役立つ働きをしてくれるかもしれない。

実際、デービッドのおかげで得をしたことがあった。彼はチーム・ユーコーのために兄の所属するヒューゴ・ボスチームへ行き、余っているセールをもらってきてくれたのだ。彼はヒューゴ・ボスのコンテナの中身を熟知していた。彼を雇う作戦は悪くなかった。

ユーコー号は、フランスのシェルブールで整備することになったが、この国では日本のように物事がスムーズに進まない。ちょうど夏のヴァカンスシーズンに当たったうえ、空港管制塔、鉄道ローカル線、トラック組合など連日のようにどこかでストが行なわれ、必要な荷物があちこちで引っかかる。

そしてフランスのドックの人たちも、のんびりとしか働いてくれない。ラテン民族の働き方は知っていたので、チームを管理する立場の僕はずいぶんゆとりをもってスケジュールを組んだ。だが、そのこと自体、彼らには理解できない。

「まだたっぷり時間はあるのに、なぜ今急いでやらなければならないんだ?」

というのが彼らの言い分である。労働基準法で働く時間の上限が決まっている彼らは、昼休みも「二時間」を要求してきた。僕はついいつもの習慣でみんなより早く食べ終わってしまい、「コージロー、食べるの早すぎるよ!」とよく怒られたものだった。彼らはワインを飲み、昼食休憩を楽しんでいた。これがフランスの文化なのだろう。日本人の感覚からすれば「さっさと働いてくれよ」と言いたい気にもなるが、そこをぐっとこらえた。みんなのいいところを引き出して、いいチームにしたい。

文化も教育も違うメンバーだ。よって一つの目標に向かってお互いのいいところを引き出すことがもっとも大切なことである。一番やってはいけないことは、自分の長所で相手の欠点を責めること。そうすると必ず破滅を招く。これは国際レースにとどまらず、人間関係でとても大切なことであると思う。

５オーシャンズに出場するスキッパーの大半は、サポートクルーと一緒に船を直したりしない。修理や整備はクルーたちにまかせきりで、練習だけしているのが普通だ。しかし、ぎりぎりの予算内でやりくりしている僕は、率先《そっせん》して汗を流さなければならない。ヨットの練習はしたくてもできないので、「練習がきついよ」と言うスポーツ選手に会うと心底うらやましい。

港にいるときは、自分の船の仕事をするだけでなく、ほかの船の手伝いにも行った。前のレースのときもそうした。メインセールの上げ下ろしなど、ヨット整備は重労働が多いので、サポートクルーたちはチームの垣根を越えて協力し合う。二〇〇キロ以上の重さがあるセールを運ぶときも、「プリーズ！」と言うと、すぐにほかのチームのクルーが集まって助けてくれる。

レーシング・セーラーのサポートクルーは、ほとんどがそれで生計を立てているプロフェッショナルだ。より良い条件、より信頼できるスキッパーと仕事がしたいと思っている彼らは、よそのチームの動きもよく見ている。そんな彼らから「コージローのチームに入りたい」と言われることがある。僕がいつもクルーと一緒に働いている姿や、クルーに対して怒ったりせず、黙々《もくもく》と労働している姿を、彼らは見ていてくれたのだろう。とてもうれしい。

海へ出る前に日本社会の荒波をくぐる

シェルブールで船を整備するあいだ、僕は船籍《せんせき》の変更や船検のために何度か日本へ帰国した。時間にルーズなフランスから日本に戻ると、社会も人も時間通りに動いていることに大きな感動を覚える。しかし一方で、規則にがんじがらめになって融通のきかない仕組みに悩まされもした。

人間の国籍のように船にも船籍があり、どこかの国に入港するときは、船首側に入港する国の旗、船尾側に船が属する国の旗をあげる。僕が買ったドミニクの船はフランス船籍だった。日本船籍の船にするには、国交省が管轄する関東運輸局へ行って申請しなければならない。

日本船籍をとっても、船検に受からなければ日本の旗はあげられない。車の場合の車検と同じように、ヨットにも国による検査が義務づけられているのだ。検査は運輸局で行なうが、この規定がかなり厳しい。たとえば航海灯にしても救命ボートにしても、桜のマークがついている、国が認めた認定製品でなければ検査は通らない仕組みだ。もともとフランスの船だった僕のスピリット・オブ・ユーコー号には、桜マークのついた器具など一つもない。どんなにいい製品でも、信頼性が高くても、これをわざわざ桜マークつきのものに買い替えないと、船検は通してもらえないのである。

なかなか頑固《がんこ》なシステムだが、僕ごときがいくら文句を言っても急に規則が変わるわけもない。師匠の多田さんは、船検の通し方をこう教えてくれた。

「とにかく船検を通さないと始まらないので、『すいません、どうしてもこの船でレースに出たいので、どのようにしたら船検が通るか教えてください』と言え」

この船の検査を通してくれ、ではなく、まずどうすればよいかおうかがいを立てるのだと言っていた。無駄な摩擦を避けて相手を立てる。さすがは人づき合いにおいても天才的だった師匠である。一緒にいて師匠の行動や人のつき合い方は本当に勉強になった。みんなから愛される理由が、ちゃんとあるものだ。

船検でいちばんの難関だったのは救命ボートだった。日本で認められているボートは、「これでどうやって一人で脱出するんですか？」と、思わず聞いてしまったほど大きかった。これより、5オーシャンズのレース委員会の承認を得た救命ボートを積みたい！

何とか道はないものかと思い、海の法律書である海洋六法を隅々《すみずみ》まで読んでみると……あった！　今船があるところまで検査官に来てもらい、立会《たちあい》検査で特別に許可をもらう方法だ。レース委員会が決めた救命ボートでも安全に問題がない、と検査官が確認できれば、船検を通してもらえる。もっともこれは特殊な例なので、検査官の渡仏費用は僕がお支払いした。お金はかかったが無事船検に合格し、三代目のスピリット・オブ・ユーコー号にようやく日の丸がはためいたのである。

だが、日本での手続き関係は、これで終わったわけではない。今度はフリート77という船舶用の衛星電話を使う許可取りである。フリート77とは、インマルサット（グローバル通信ネットワーク）衛星通信を利用して、海の上から電話やインターネットができる衛星《えいせい》電話システムだ。

しかし僕は、日本の総務省から許可を得なければ、これを使うことはできない。日本の電波はすべて総務省が管理しているため、勝手に電波を発信すると違法行為になってしまう。ヨットが日本船籍になった以上、フランスの港に停泊していようが、大西洋を走っていようが、船のなかは日本の法律が適用されるのだ。

僕はフリート77を百数十万円で購入し、正攻法で総務省に電波許可申請書を出した。フリート77の免許をとるまでにかかる経費を合わせると、二〇〇万円の費用がかかる。紙切れ一枚の申請書と、日本の電波管理局のなかや船の上で「ピッ」と電波状況を確認するだけで二〇〇万円である。

チーム・ユーコーのスタッフクルーたちは、いっせいに僕を非難した。

「電波を国が独占しているなんて、日本の法律は間違っている。でも、二〇〇万円ものお金を払って、フリート77の免許を取ろうとしているコージローもおかしい。外国の機器を買って外国の基地と契約して使えばいいじゃないか。お前はレースをしに来たんだろう？ そんなことに金を出すより、そのお金でセールを買ったほうがいい」

スタッフの意見を集約するとこうなる。彼らの意見にも一理あるが、僕はやはり法律違反はしたくなかったので、申請して免許を取った。すると『めざましテレビ』（フジテレビ）

のスタッフが、「よく許可が取れましたね、うちの番組で生中継しましょう」と申し出てくれた。実はフリート77の許可を取得した船は、日本で僕が第一号だった。ヨットの世界一周レースが朝のお茶の間《ちゃま》に生中継されたことで、応援してくれた人たちやスポンサー、そしてこのヨットレースが全国に広がったのは本当にうれしい。ヨットからの生中継も日本初である。もし、僕が正式な許可を取らずに違法電波でテレビに生出演していたら、遅かれ早かれ誰かにリークされただろう。

「利を持って利をなさず、義をもって利となす」

この言葉の意味を、身をもって経験した。

単独航海に耐える肉体づくりには痛みもともなう

六〇フィート級のヨットを一人で操るには、相当な体力を要求される。小型のヨットに乗り慣れている人たちからも、「一二〇〇キロもあるメインセールを一人で上げ下げするなんて信じられない！」と驚かれるくらいだ。

僕だって、最初から並はずれた体力があったわけじゃない。ジムでのトレーニングやアドベンチャーレースへの参加で、少しずつ身体をつくってきた。今はベンチプレスで一〇〇キロ以上持ち上げるが、一〇年くらい前は六〇キロも上げられなかった。

この分野で僕のコーチをしてくれたのは、渡邊勝也君である。渡邊君と出会ったのは、当時僕が通い始めたスポーツジムでのことだ。自己流のトレーニングではなかなか成果があげられず苦労していた僕の横で、一八〇キロを軽々と上げている男がいた。立ち上がった彼を見ると、同じ目をしていたので、すかさず話しかけた。それが渡邊君だった。

「一緒にトレーニングしましょうか」

渡邊君はそう言ってくれたので、コーチをお願いした。アメフトをやっていた渡邊君は、筋肉組織や栄養学などの知識もあり、トレーナーには最高であった。どうせトレーニングするなら、二人よりもっと大勢でやったほうが楽しい。ジムで知り合った人たちにも声をかけ、僕の女房も参加してベンチプレス大会を開いた。

ジムの壁に大会用の紙を貼り出し、参加者は自分が上げたベンチプレスの重量を一ヶ月に三回、自己申告でそこに書き込む。順位は上げた重量ではなく、その数字を自分の体重で割った数値で決めた。たとえば一〇〇キロ上げた人の体重が七〇キロなら、一〇〇÷七〇で一・四二がその人の記録となる。

「一・八を記録したら、僕は白石さんをアスリートと呼んであげましょう」

渡邊コーチにそう言われた僕は発奮し、それを達成した。重さで言えば最高一三五キロを上げたが、それでも大会の順位は四位か五位。ジムのベンチプレス仲間はお医者さんやサラリーマンだが、四〇代、五〇代の彼らもめきめき力をつけ、ほとんどの人が一〇〇キロ越えに成功した。「筋肉を鍛《きた》える」ことだけを目標にするより、仲間たちと競技形式で楽しみながらやれば、いつの間にか実力がつくのだ。

気をつけなければいけないのは、無理をせず少しずつレベルを上げていくこと。最初は六〇キロのベンチプレスでも筋肉痛に襲われる。筋肉の痛みは細かい筋繊維《きんせんい》がぷちぷちと切れることで起こるが、そのうちたんぱく質の働きで繊維はまたつながる。そのときほんの少し、以前の筋繊維より太くなる。つぎに六五キロを上げると、それには筋肉が耐えきれずまた切れる。そして再び、前より少しだけ太くなる。これを繰り返すと、筋肉が強くなっていくのだ。筋肉だけでなく、何ごとも現状より少し難しい試練を与えつづけることで、レベルアップできる。そのときストレスや痛みをともなうのは当たり前。渡邊君とのトレーニングで、そのことを学んだ。

精神筋力が「生」と「死」をわける

肉体の力や技術だけで勝ち負けを争うスポーツとは違い、僕たちのヨットレースでは精神力や一瞬の判断力も試される。勝ち負けの前に、「生き死に」を賭《か》けた戦いでもあるのだ。スタートする前、レーサー同士はお互いの健闘をたたえ合うが「頑張ろう」とは誰も言わない。

「セーリング・セーフ！」

これが僕たちの合い言葉。「生きて帰ってこようぜ」と言い合うのだ。単独の世界一周レースでは、肉体と精神、両方の筋力が強靭《きょうじん》でないと、優勝どころか命まで失う危険が大きい。出場するセーラーたちは、それぞれの方法で精神の筋力を鍛えている。

僕の場合、精神筋力をつけるために、数年前から居合《いあい》の修行を始めた。きっかけをつくってくれたのは、僕のスポンサー企業の会長さんだ。武道を応援されている会長の紹介で鷲尾《わしお》謙信先生に会ってみたら、この先生がまた素晴らしい！　会ったその日に師事することを決め、自分からその世界に飛び込んだ。

居合は剣術と同じように刀を使うが、刀を抜いた状態で相手と向き合う剣術に対して、刀を鞘《さや》に納めている状態から始まる。剣術のように何度も刀を切り結ぶわけでなく、居合には一の太刀《たち》、多くて二の太刀しかない。ふいに襲ってくる相手を一太刀、あるいは二太刀で倒せないと、自分の命を失ってしまうからだ。

真剣で襲《おそ》われることなど今の社会ではあり得ないが、海の上では強烈な風や高波に突然襲われる。レース中は、想定外の危険がそこかしこに出現するのだ。そんなときとっさにどう対処するか。それを学ぶのに居合は最高の手段である。

鷲尾先生からは、居合の技と同時に、日頃の心の構え方やものの見方、生き方まで学んでいる。たとえばこんなこともあった。

初心者のうちは模造刀を使って稽古《けいこ》をするのだが、いよいよ真剣を使う稽古が許され、僕はその日のために用意しておいた真剣を先生に見せた。

「先生、これからはこの刀を稽古に使ってよろしいでしょうか？」

「いいだろう。君はこれからこの刀に教わることがたくさんあると思う。しっかり教わりなさい」

厳しい先生なので、お許しが出てほっとした。それでつい、余計なことを言ってしまった。

「でも先生、この刀、ここにちょっと傷があるんですよね」

間髪を入れず、先生はこう言った。

「白石君、君にもホクロがあるだろう。そのホクロでお前の価値が下がるのか！」

鷲尾先生は言葉の反射神経も優れている。言葉の選び方や譬《たと》えも素晴らしい。そして何よりも素晴らしい感性の持ち主である。僕の頭のなかに刻みこまれている鷲尾語録は、レース中の僕のバイブルである。

家族がいるから遠くまで羽ばたける

レースが近づいてくると、家族と過ごす時間も短くなる。とくにシェルブールで船の準備をしていた5オーシャンズのときは、たまに帰国しても船検や電波の免許の件で時間をとられ、一日ゆっくり家にいる時間もなかった。アラウンド・アローンに出場した二〇〇二年は、結婚して二年目の女房を家に残し、二〇〇六年の5オーシャンズでは女房に加え、二歳になる娘も残しての旅立ちなのに、レース前から家を空《あ》けてばかり。それでも女房は一言も文句を言わない。よくできた人なのである。

「家族を持ったのに、まだ冒険をつづけるんですか？」

こう思う人がいるかもしれない。僕はこう思っている。

「家族がいるから冒険できる」

と言っても、若い頃は自分の夢を追うのに精いっぱいで、結婚のことはあまり意識になかった。「一〇〇％この人と結婚したいと思った人がいたら結婚しよう」とは考えていたが、そういう人が現れなければ一生独身でもいいと思っていた。一人暮らしなら最低限の生活でもかまわないが、家族ができるとそうはいかない。レースにすべてお金をかけるわけにはいかない。生活費も必要になるので、かえって一人のほうがいいかな、とも思っていた。

しかし、一〇〇％の人を見つけてしまった。僕が出演したテレビ番組で司会をしていたフリーアナウンサーの矢玉みゆ紀さん。現在の僕の女房、白石海夕希《みゆき》である。つき合い始めてすぐ、「この人とは結婚するという選択肢しかないな」と思った。誠実で繊細な彼女は僕と正反対の性格だが、価値観はとても似ていて、一緒にいると安心できる。

「結婚して変わりましたか？」

「お子さんができて変わりましたか？」

これもよく聞かれることだが、そんなときにこのように答える。

「残念なお知らせがあります。女房、子供がいるからと言って嵐は収まりません」

女房のほうは、いつまでたっても夢ばかり追いかけている僕を「変わった人ね」と思って諦めているようだ。家でほとんどヨットの話をしないが、僕がレースに参戦して無事に完走できるのは家族のおかげだ。

もし独身のままレーシング・セーラーになっていたら、もっと速くてうまいレーサーになれたかもしれない。でも、僕はただヨットがうまいだけの人間にはなりたくない。結婚し、子供を持つことで人間性を深めることのほうがずっと大切だ。

家族は僕の支えであり、軸足である。留守のあいだ女房が子供を守ってくれるから、僕は安心して遠くまで飛び出せる。5オーシャンズの開催が近づくにつれ、つくづくそう考えて女房と娘に感謝した。

鎌倉育ちの僕は、大きなことをする前など、なにかにつけて鶴岡八幡宮《つるがおかはちまんぐう》のおみくじを引く。神や仏に頼る気持ちはない。いわば気持ちを整《ととの》えに行くのである。「吉」とか「凶」とかの占いにも興味はないが、八幡宮のおみくじは、そこに書かれている文章がいつも素敵なのだ。

5オーシャンズの開催地へ出発する前に引いたおみくじは「吉」で、こう書かれていた。

身に余る　重荷車を引きながら　急がぬ牛は　つまづかずして

【運勢】自分をよりよく知っていることが運をよりよく開くことになる。

千里の道万丈《ばんじょう》の山もその一歩幅の歩と速力とに依《よ》って究《きわ》め得る。

あせらずかこたぬ性質は必ず目標をつかむ。


クラスIにアジア人として初参戦しようとしていた僕にとって、これほどぴったりの教えはないだろう。

第３章

平時に訓練していないと危機に対処できない

海にも陸地にも嵐はやってくる

目標は的確に定め、仲間や支援者と分かち合う

二〇〇六年一〇月。第七回5オーシャンズに参加するため、僕はスペイン北部のビルバオにいた。今回のレースはここビルバオがスタート地点である。ビルバオから南へ下ってアフリカ大陸最南端の喜望峰《きぼうほう》を回り、オーストラリア西海岸のフリーマントルまでが第一レグ。ここで船の整備をし、南米大陸の南端ホーン岬を回ってアメリカ合衆国東海岸のノーフォークへ向かうのが第二レグ。第三レグは、ノーフォークから大西洋を横断してビルバオへ戻る。航海日数で言うと、第一レグがおよそ四八日、第二レグが六〇日、ゴールまでの第三レグが一二日。ほぼ一二〇日かけて争うクラスＩレースには、7人がエントリーしていた。

マイク・ゴールディング（イギリス）エコバ号

バーナード・スタム（スイス）シュミレ・プジョラ号

レースには世界中からセーラーが集まる

アレックス・トンプソン（イギリス）ヒューゴ・ボス号
白石康次郎（日本）スピリット・オブ・ユーコー号
ロビン・ノックス・ジョンストン（イギリス）Saga号
ウナイ・バスルコ（スペイン）BBK号

本当はもう一人アメリカ人がエントリーしていたのだが、レース前に行なわれた船の安全検査にパスできず、スタートできなかった。主催者が行なうこの検査はひじょうに厳しいので、ルールを熟知して船を準備しないと受からない。その意味からも、スタート地点に立つことが難しいレースなのだ。

今回、僕が目標に定めたのは「表彰台」、つまり三位以内に入ることだ。「優勝を目指します！」と言いたいところだが、資金力と船の性能、スキッパーの経験から考えると、残念ながら僕はマイク、バーナード、アレックスに及ばない。

今しがた紹介した参加者リストは、スタート前の下馬評《げばひょう》通りに並べてある。関係者のあいだでも、白石康次郎は四位予想だった。

船の性能がほぼ等しければ同じ風で同じスピードが出せるので、トップについていけばそう引き離されることはない。しかし、僕のユーコー号は、同じ風では下馬評三位までの三人には勝てない。では、一人だけ違う進路をとり、違う風で走らせたらどうなるか。

僕自身、何回かこの作戦をとったことがあるし、ほかの人の例も見てきた。そこで学んだのは、「大バクチは失敗の確率が高い」ということだ。よほど運に恵まれれば性能のいい船を抜けるかもしれないが、大半は遅れを取り戻そうと焦ってドツボにはまる。セオリー通りに走るほうが、いい結果を招くのである。

僕もセオリー通りにレースを進める作戦を立てた。バクチをせず、できる範囲でフリート（船の集団）に食らいついていき、前の人が落ちてくるのを待つ。まともに対抗してもかなわない僕には、この作戦しかなかった。

「中古艇しか買えなかった今の状況では、優勝は狙えません。でも表彰台なら可能性があるので、三位以内を目指します。それでもいいですか？」

スポンサーにはこう説明した。スタッフクルーだけでなく、スポンサーにも自分が置かれている状況と、そのなかでできるベストのことを正直に伝えて目標を共有する。これが僕のやり方だ。

「もし死んだら」ではなく「死ぬ」覚悟をする

そしてもう一つ、スポンサーには必ずこう言う。

「このレースで僕が死ぬ確率は低くありません。それでもいいですか？」

ひとたび出港すれば、海の上では予想もつかないことがつぎつぎ襲ってくる。気象情報をいくら細かくチェックしていても、天候が急変することも多い。快調に走っているとき、下からクジラに衝突されることもある。スキッパーの腕の良し悪しにかかわらず、板子《いたご》一枚下には「死」の世界が広がっているのだ。

でも、「死んだらどうしよう……」と考えていたら、レースには集中できない。「いつ死んでも悔《く》いはない」と思って臨まなければ、いざというときの判断も鈍ってしまう。『葉隠《はがくれ》』に、「武士道とは死ぬことと見つけたり」という一節がある。武士にはいつ死が訪れるかわからないので、常にベストを尽くしていつでも悔いなく死ねるようにしておきなさい、一瞬、一瞬が大切であり勝負である、という意味だと僕は解釈しているし、自分もそうありたいと思っている。師匠の多田さんからも「船室から甲板に一歩踏み出すときは、巌流島《がんりゅうじま》に上陸する武蔵《むさし》の心で行け」と教えられていた。

死を覚悟したら、その後始末についても考えておかなければならない。女房とスタッフには、スタート前にこう伝えている。

「俺が死んだら、俺はスポンサーに謝りに行けない。君たちが『申し訳ありません』と言ってくれ。お礼の言葉も、君たちから伝えてもらうことになる。『白石は見事な最期でした。御支援ありがとうございました』と言ってほしい。俺はみんなに全力を尽くすことを約束したし、最後までやれるだけのことはやる。それでも死ぬことはあるから、君たちも覚悟して、あとの始末をしてほしい」

幸いこれまでは二回の単独世界一周航海から無事に戻ってきたが、二回達成したからといって三回目も戻ってこられるという保証はない。経験から学んだことはあっても、海の上では一日たりとも同じ日は訪れないのである。

それに、成功体験を重ねても恐怖が消えるわけではない。人間の心理は面白いもので、いいことばかりつづくと、むしろ恐怖が増す。僕も順調にことが進めば進むほど、かえって「今度こそ死ぬんじゃないか」と思ってしまう。仲間のマストが折れたと聞けば、「つぎは自分の番かもしれない」と不安になる。

恐怖や不安の原因はいったいなんだろう。達磨《だるま》大師のエピソードにこういうものがある。

「助けてください。私は将来が不安でしょうがないんです。病気になったらどうしようと考えると怖くて怖くてしかたない」

と達磨大師に助けを求めに来た人に、達磨大師はこう言ったそうだ。

「わかった。私がその恐怖を取り除いてあげるから、その恐怖を目の前に出してみなさい」

「いや、恐怖というのはここに出せるものじゃないんです」

男の答えを聞いて、達磨大師は一言。

「取り出せもしないものをなぜ怖《こわ》がる」

そう、こういうことだ。

台風や大きな波、氷山は決して怖がってはいない。怖がっているのは自分自身の心なのである。つまり、恐怖は外にはなく、自分の心が生み出しているものなのだ。平常心で戦える宮本武蔵の心境に到達するためには、まず実体のない恐怖を生み出す自分の心と戦わなければならない。「死ぬ」覚悟は決まっていても、いまだ心が動いてしまう。そのために日々の修業が大切で、今も居合や座禅の力を借り、自分自身の心とも戦いながら世界一周レースに臨む。

平時から「最悪の状況」を考えて準備する

世界一周をともにする船に何を積んで出港するか。この準備には、スキッパーの個性が表れる。船は軽ければ軽いほどスピードが出るので、「予備品はなるべく積みたくない」とは誰もが思う。とくにヒューゴ・ボス号のアレックスのようなスピードレーサーは、予備の品をほとんど持たない。できる限り早く走れる状態にして優勝を狙うのだ。その代わり、船が壊れたらリタイア、というリスクも負って出港する。

水産高校出身でエンジニアでもある僕は、予備品をかなり積んでいく。出場者仲間のなかでは、元船乗りで自分で船もつくるバーナードが僕と同じタイプだ。スピードレーサーたちに言わせると「コージローは道具を持ち過ぎ」だそうだが、僕は船がダメージを受けたらその場で修理し、「ともかく完走する」ということに重きを置いている。とは言っても、何を持つか持たないかの選択は難しい。予備を持っていったものは壊《こわ》れず、思いがけない箇所が壊れたりすることは往々にしてある。

今回僕は、予備品のほかにヴァーチャルクルーのドッグタグを乗せていくことにした。ヴァーチャルクルーとは僕を個人的に支援してくれる人たちで、五万円払ってくれた人には世界一周を終えたあとセールを切り、それを楯《たて》にしたものをお渡しする。二万円出してくれたヴァーチャルクルーにはドッグタグをつくり、それを船に積んでいく。これも世界一周を果たしたあと、本人たちにお届けする仕組みだ。

ドッグタグとは米軍の兵士が使っていた認識票で、名前と血液型が書いてある。僕がつくったのは、一個一万円するチタン製のドッグタグだから、残りの一万円が僕への支援金となる。ドッグタグは二〇〇枚以上乗せたので、かなりの重さになった。チタンを選んだのは軽くて強い素材だからだ。それに、万が一の場合はこれに穴を開けると、ボルトを締めるときに挟み込むワッシャー（座金《ざがね》）としても使える。

長い航海には、心の支えとなる本も欠かせない。本も重いので多くは積んでいけないが、僕のバイブルである師匠・多田さんの本『オケラ五世優勝す』は必ず積んでいく。もう何十回も繰り返して読んでいるが、航海中に読むと新しい発見が必ずある。自分が多田さんと同じようなトラブルに出会うと、そのときの多田さんの心情が初めて実感できてうれしさを感じる。船の設備も通信状況も良くなかった時代に一人で世界一周レースに挑み、見事に優勝した師匠の偉大さも読むたびにかみしめて心が熱くなる。

宮本武蔵の『五輪書』や『マンガ仏教入門』（大和書房）も船に積んだ。『マンガ仏教入門』は台湾の人が書いた本で、マンガと短い解説文でお釈迦様の教えが書いてある。ご存じの通り、お釈迦様は現在のネパールに当たる地方で王子として生まれた。悟りを開いたのは、家族の元を去り、六年間の苦行を経たあとである。夢を追いかける僕にとっては、弟子の阿難《あなん》に語りかけるお釈迦様の言葉に教えられることが多い。

「阿難よ、汝《なんじ》らを燈明《とうみょう》とし、自らを拠《よ》り所《どころ》とし、他人を拠り所とせずにあれ」

道は自ら歩くものだと教えてくれるこの言葉も、単独で世界一周レースに挑む僕には心に響く。

「じっと立っていれば沈んでしまう。もがけば水につかまる。佇《たたず》みもせずもがきもしないから、私は川を渡れたのだ」

楽をしてもだめ、といって苦行をしてもなかなか悟りを得られなかったお釈迦様は、「我」を捨てたときにあるがままの時空に融合できた。お釈迦様の言葉はすべて自らの体験に裏打ちされているが、それをそのまま人に押しつけないところが素晴らしい。これはあくまで私の体験であるから、それを鵜《う》呑《の》みにせずそれぞれ自分で体験していきなさい、という姿勢に僕は心を打たれる。

考えてみれば、師匠の多田さんも武蔵もお釈迦さまも、僕が尊敬する人は机上の理論を語るのではなく、自ら実践して道を極めた人である。

子供の頃、僕はレインボーマンが好きだった。その頃、人気があったのはウルトラマンや仮面ライダーだ。レインボーマンはマイナーなヒーローだが、ほかのヒーローと違うところがある。普通ヒーローは宇宙から特別な能力を授《さず》かったり、改造されたり、すべて外から特殊能力を与えられている。しかし、レインボーマンは自らの修業で特殊能力を身につけた。たしかレインボーマンは妹を救うために師を求めてインドの山奥まででかけ、ダイバダッタの弟子となって滝つぼから石を拾ったり、生爪《なまづめ》をはがしながら岩を登って修行した末にヒーローとなったのだ。子供時代はそんなことを意識していなかったが、今になって「そこ」が好きだったのだとよくわかる。

積み荷の話から脱線してしまったので元に戻すと、今回のレースでは、船の重量を軽くするためトイレを取りつけるのをやめた。陶器の便器はかなり重いからだ。ではトイレはどうしたかというと、丈夫なバケツを用意し、その中に澱粉《でんぷん》製で水に溶ける袋をセットする。ちなみにバケツ用の便座は、フランスのヨット用品として売られている。

揺れる船の上で用を足すのは並大抵のことではないが、何ごとも繰り返しやっていれば達人になれるものだ。バケツトイレに慣れてくると、便座を敷かず直《じか》バケツで簡単に用が足せるようになった。

船に積む荷物の準備は、「最悪のとき」を想定して行なわなければならない。たとえば靴下や下着を入れた袋には、みっともなくても「靴下」「パンツ」と、わかりやすく書いておく。かっこをつけて「アンダーウェア」などと書くと、頭が朦朧《もうろう》としているときに判断できない。眠い、寒い、疲労の極《きわ》み、レース中はそんな尋常《じんじょう》でない状態がつづくので、平時の感覚で準備すると事故にもつながる。持ち物は最小限にして、わかりやすく、取り出しやすくしておく。これは登山のときにもよく言われるが、いつ災害に襲われるかわからない日常生活でも必要なことかもしれない。

欲にとらわれると現実が違って見える

５オーシャンズの開催前には、主催者によるサバイバル訓練と危機対応の講習が行なわれる。サバイバルスーツを着込んで海に飛び込む訓練から始まり、ロケットフレアを上げる練習など実践的なものから、ドクターによる応急処置の講習など、今回は内容も盛りだくさんで、しかも念入りだった。参加者たちは合計二日にわたって一緒に講習を受けるため、自然と親近感がわく。命を賭け合う仲間、という意識がここで芽生《めば》えてくる。

ただし、レーサーたちはすでに単独でさまざまな準備を行なってきたため、訓練や講義の合間はシリアスな雰囲気にはならない。僕にしても、このサバイバル訓練より居合の稽古や座禅のほうがよほど役に立つと実感した。

訓練と講義の終了後は、お客さんを乗せてのインポートレース、テストセーリングを経て、いよいよスタートとなる。

二〇〇六年一〇月二二日、僕らはビルバオを出港し、最初の寄港地であるオーストラリアのフリーマントルへと向かった。スタート直後は大方の予想通り、バーナード、マイク、アレックスの上位争いになったが、その日のうちに最大風速七十二ノット（およそ三五メートル）以上の嵐が吹き荒れ、マイクとアレックスはセールを壊してイベリア半島北部の沿岸に避難した。

僕はと言えばひどい船酔《ふなよ》いに苦しんだが、ユーコー号は嵐に耐えて頑張ってくれた。実は僕の場合、嵐がこなくても出港直後は決まって激しい船酔いに襲われる。三～四日で収まるが、そのあいだは地獄の苦しみである。一人なので夜ゆっくり眠ることもない。つまり二四時間×三日間、食べて吐き、食べては吐きを繰り返す。体質なのか、水産高校時代の実習航海でマグロ船に乗ったときから今に至るまで、船に乗れば必ず酔う。言ってみれば僕は、立派な船酔いのプロである。

これから先も、船酔いには一生慣れることはないだろう。最初はこの船酔いに抵抗した。何とか治る方法はないかと。しかし、あらゆる方法は駄目だった。あるとき、抵抗するのをやめ、「どうせ何をやっても船酔いするのであれば、楽しく酔う方法はないか？」そう思って、船酔いを楽しみに変える方法を考えてみた。

思いついたのは、オレンジジュース活用法だ。あらゆるものを吐いたが、一番うまかったのはオレンジジュースだ。そこで、気持ちが悪くて吐きそうになったら、すかさずオレンジジュースを飲むことにした。結局はそのジュースもすぐに吐き出すことになるのだが、喉《のど》を逆流してくるときもオレンジの味がして美味しく吐けるし、一〇〇円のジュースが二〇〇円分味わえる。苦しいことから逃げ出さず、それを受け入れれば苦しみも楽しみに変わるのである。とは言っても、やっぱり船酔いは苦しいけれど。

さて、嵐と船酔いの二重苦が去ったあと、僕はバーナードに次いで二位をキープしていた。バーナードと僕以外は、全員トラブルに見舞われ、避難しているという。だが、たまたま二位になったからといって、このまま優勝しようなどと考えるのは禁物《きんもつ》だ。こんなとき欲を出して「チャンスだ」とか「勝ちたい」と思うと判断を誤る。

邪念《じゃねん》が入ると心にフィルターがかかり、目の前のものがあるがままに見えなくなる。ガラスが曇っていると外の景色がよく見えないように、「勝ちたい」と思うと、そのフィルターを通した情報しか受け取れなくなってしまう。それがときに命取りになる。

マイクやアレックスは、やがて船を修理して再スタートし、簡単に僕を追い抜いていくだろう。最初に立てた作戦通り、追い抜かれたあと離されないようについていけばいいだけだ。

ビルバオを出港してから二〇日ほどで赤道まで南下した。マイクのエコバ号に抜かされたのは、そのあとだった。

「コージロー、先にフリーマントルに到着したほうがディナーをおごることにしよう」

僕をパスしていくとき、マイクからこんなメールが届いた。彼は「昨夜ユーコー号のテールランプを見た」とも書いてきたが、僕のほうはマイクのエコバ号を確認できないままだったので、こう返信した。

「周囲を気にしてはいたのですが、会えなくて残念でした。せっかくトビウオのお刺身を用意して待っていたのに。お箸《はし》もあります。食器もエコバ（マイクのスポンサー）の洗剤で洗っているので、とってもきれいですよ。それでは、先にフリーマントルに着いたほうが食事をおごりましょう」

航海中はトビウオがよく甲板に飛び上がってくる。西洋人のスキッパーは邪魔者扱いして捨ててしまうが、日本食文化で育った僕は感謝してその命をいただき、たいていトビウオ丼にしている。前回のこのレースでもトビウオ丼の写真を大会本部に配信していたので、日本人スキッパーの食卓はちょっとした話題の的なのだ。

それにしても、ユーコー号はセールが破れるなどのトラブルにあい、マイクにはもっと早く抜かされるかと思っていたのに、意外と頑張りを見せた。この時点でまだ僕の後ろを走っていたヒューゴ・ボス号のアレックスも、「エコバ号に抜かれはしたが、ユーコー号の走りには感動を覚える」というメールを送ってくれた。

クラスI艇を操るのも初めてで、マイクやアレックス、バーナードたちと比べればレース経験も浅い僕としては、彼らと順位を争っていることだけでも幸せを感じる。夕日が沈んだあと、日本では見なれない南半球の星たちを眺《なが》めながら、ホルスト作の組曲『惑星』をカラヤンの指揮で堪能するひとときも持てた。これもスタッフクルーや支援してくださる皆さんのおかげだ。ありがとうございます！

南氷洋でくり広げられた過酷な救出ドラマ

出港から一ヶ月近くが過ぎたある日、南氷洋でとうとうアレックスに抜かれた。コースを南寄りに取り、独自のルートで勝負に出たアレックスは、僕ばかりかマイクも一気に抜いて二位に躍進した。このあたりは強気のスピードレーサーならではの判断だ。これで四位に落ちた僕だが、「もうマイクやアレックスに抜かれる心配をしなくていいんだ」と、ほっとした気持ちもあった。

しかし、それから間もなく、レース委員会を通じてアレックスの船にトラブルが発生し、アシストを要請したという一報が入る。恐らくアレックスは「前に出てやろう」という一点にとらわれすぎ、心にフィルターがかかっていたのだろう。

アシストとはＳＯＳよりは緊急性の低い救助サインである。船舶がＳＯＳを発信した場合、国際的な法律で付近の海域にいる船は必ず救助に向かわなければならない。ヒューゴ・ボス号の故障個所はキールだという。

ヒューゴ・ボス号のキールは最新式のカンティングキールで、油圧で船の底についた何トンものバラストキール（重り）を動かして復元力を増す。船の重さを変えずに安定性を保てる。対してユーコー号の固定キールは、傾きを抑えるために片舷に二トンもの海水を入れていなければならない。よって船の重さも大幅に増してしまう。

スピードを考えればカンティングキールに利があるが、構造が複雑な分、壊れる可能性は大きい。実際、ヒューゴ・ボス号のキールも根元からぽっきり折れて修復不可能だそう

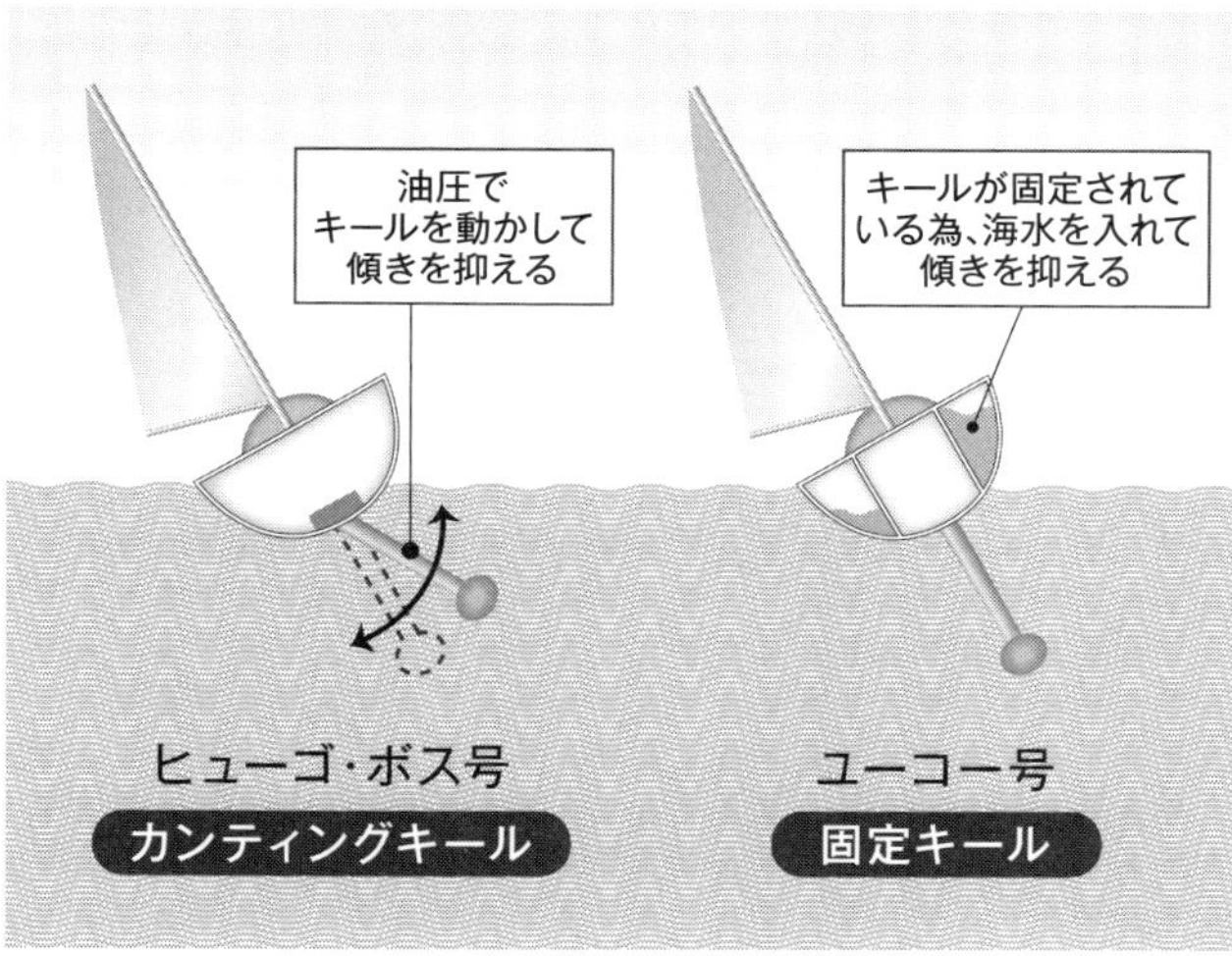
油圧で
キールを動かして
傾きを抑える
キールが固定されて
いる為、海水を入れて
傾きを抑える
ヒューゴ・ボス号
カンティングキール
ユーコー号
固定キール

キールの種類

だ。ただし、船そのものに損傷はないので沈む可能性はないという。それを聞いて、ひとまずほっとした。

水温六度以下、氷山の浮く南氷洋での救出劇は至難の業《わざ》だ。船を捨てサバイバルスーツ姿でライフラフトに乗り移ったアレックスを、元消防士のマイクが見事に拾い上げた。救助のニュースを聞いた僕は、アレックスの無事を感謝し、ヒューゴ・ボス号に哀悼《あいとう》の意を捧げた。カッコイイ船だった！

この時点でリタイアとなったアレックスの気持ちも、察するに余りある。僕も単独無寄港世界一周に二度失敗した経験があるからだ。アレックスの場合は、スポンサーから巨大な資金を得ているだけに、後始末が大変なことだろう。

アレックスに起きたことは、人ごとではない。ユーコー号もすでにセールが傷ついている。最後まで走り抜くためには、より「セーフティ・ファースト（安全第一）」を徹底し、船と一体化しないとならない。

救助劇が行なわれたこの日、南氷洋上にはみぞれが舞っていた。マイクはアレックスを乗せ、進路を再びフリーマントルに向けた。同じ日、我がユーコー号にも雪だるまが乗りこんだ。かじかむ手で僕がつくった、小さな仲間だ。

機器類の進歩で「ロマン」が失われていく

僕が初めて世界一周に成功した一九九四年当時からすると、船や通信機器の進歩は目覚ましいものがある。今の大型ヨットの船室には最新の計器類がずらりと並び、戦闘機のコックピットのようだ。通信システムにしても、衛星電話が使える時代になってメールも写真も洋上から送れる。アマチュア無線しか使えず、日本の裏側に行くとまったく音信不

チャート・テーブルの前に最新の計器が並ぶ

通になっていた九〇年代初期からすれば、まさに隔世《かくせい》の感がある。

だが僕は、この進化を手放しで喜んでいるわけではない。昔はヨットの仕事だけしていればよかったのに、今は電話やメールやビデオ撮影を常にしなければならず、めちゃくちゃ忙しい。

前にも書いたが、今回は『めざましテレビ』(フジテレビ)の生中継や、ラジオの生出演もある。横浜の中学校と回線を結んで洋上からの「冒険授業」も行なう。世界を一周するヨットレースを日本に広めたり、僕がヨットから学んだことを大人にも子供たちにも伝えられるという意味でこれほどうれしいことはないが、それにしても大変だ。

とくにテレビ中継では、カメラのセッティングから撮影、編集まで激しく揺れる船で全部僕が一人でこなさなければならない。長く撮影して編集しないまま送ればいいと思うかもしれないが、送信料が一分間六八〇円もかかるので、いいところだけを短く編集して送っているのだ。そのほかブログや原稿もこまめに書いて送らなければならない。

船のなかで受け取れる情報量も膨大になった。インターネットの情報を解析して気象予報も自分で行なう。船室から一歩出ればレースに参戦しているアスリートなのに、船室にいるときはまるでシステムエンジニアだ。

コンピュータはパナソニックの完全防水仕様のものを二台積んでいる。一台はコミュニケーション用、もう一台はナビゲーション用だ。レース仲間は全員サットCという機械を持っていて、六時間ごとにそれぞれ自分の船の情報を伝え合う。

レースが緊迫しているときには、自分の位置情報を仲間に通信したとたん、タッキングして方向を変えるセーラーもいる。こうすればその後六時間は、コース取りを変えたことをライバルに知られなくてすむ。中古艇でライバルの船団に食らいついていく作戦をとっている僕には、やりたくてもやれないことではある。

当たり前だが、通信や情報の送受信などの作業は、ジェットコースターのように揺れる船のなかで行なう。テーブルが斜めについていたり、揺れに対する工夫はいろいろなされているものの、揺れがひどくてキーボード操作がまったくできない日もある。そんなときは激しい揺れだけでなく、洗濯機の中にいるような騒音にも悩まされる。

一昔前まで、長い航海を終えたセーラーは、遠くをいつも見つめていたために視力がよくなったものだ。僕自身も、最初の単独無寄港世界一周に挑戦したときは、かなり視力がよくなった。帰国してから、近い距離でテレビを見るとチカチカして、二時間見つづけていられなかったほどである。しかし、コンピュータを見ている時間が前回よりはるかに多くなった今回は、帰国したあと確実に目が悪くなりそうだ。

僕に言わせれば、機械化が進み過ぎた今のヨットレースにはロマンがなくなった。かつて、シングルハンドの外洋レースに出場するなら、船のトラブルもすべて一人で直す腕が必要だった。ところが今は、船にトラブルが起きても電話で外部からアドバイスを受けて直すことができる。このため最近のレースには、ヨットの構造にそう詳《くわ》しくない人も出場できる。ヨットや世界一周にロマンを求めるのではなく、スピードと記録を求めるレーサーが増えてきた。僕の師匠、多田さんのように、「大自然のなかで遊ばせてもらう」というタイプのレーサーは、ますます少なくなりそうだ。それが僕には寂しい。

進歩するウェアの陰にある努力と工夫

進歩が目覚ましいのは機械類ばかりではない。ウェアの機能も、素晴らしい進歩を遂げている。外洋ヨットレースのウェアは、ただの「レース服」とは違う。船室の外で作業をするときに着用する、「命を守る道具」でもあるのだ。

他のスポーツと違い、世界一周ヨットレースでは、汗をかいたりウェアが破れたりしても、簡単に交換などできない。船の重量をなるべく軽くするため、服であろうと最小限しか積めないのだ。

ジャケットはひんぱんに海水を浴びるが、中がひとたび濡れるとなかなか乾かない。真水と違って海水は塩分を含むので、乾かしても塩が湿気を吸ってしまうのだ。ウェアからの水漏れは体温を下げ、安全性にも問題を生ずる。ウェアの運動性と快適性は、船のスピードにも関わってくる。長い航海では、小さなストレスがたまると、大きくモチベーションに影響を及ぼすのだ。これは馬鹿にできない。外洋レースでのウェアの性能は、ひじょうに大切なのである。

今までは既製品を着て何とかしのいできたが、5オーシャンズではヘリーハンセンの最新式ウェアをつくっていただいた。ヘリーハンセンとは、一八七七年に漁師の防水着メーカーとして創業したノルウェーの老舗企業で、日本ではゴールドウインが提携・販売を行なっている。そのゴールドウイン・ヘリーハンセン事業部の山田俊哉さんから「新しいウェアをつくりましょう」と、嬉しいお声がけをいただいたのだ。

僕は山田さんにこう言った。

「軽くて、快適で、丈夫で、そして安全性が高く、瞬時に着られるウェアをつくってください。僕は命を懸けてこのレースに臨むのです。死ぬときはこのウェアを着て死ぬのです。悔いは残したくありません」

決して大げさな表現ではない。真剣にこうお願いした。山田さんもセーラーであり、海の過酷さは十分に理解している。

「ものづくりの基本は使う人に向き合い、その気持ちに寄り添うことだ」

これがモットーだと言う山田さんは、人間的にも素敵な人だ。僕の要求を真正面から受け止め、承諾してくれた。

さあ、ここからが大変である。軽くて、丈夫で、海水を絶対に通さず、汗は外に出してほしい。この一見矛盾した条件をどうクリアしていくか。そしてもう一つ、僕は具体的な数字をあげて難しい要求をした。

「寝ている状態から一分以内に装着が完了でき、素早くデッキ作業を始められるウェアにして欲しい」

シングルハンド・レースではとくに重要なことである。交代要員はもちろんいない。セールが破れるなど外でトラブルが起きたらいちはやく確認し、デッキ作業に入らなければならない。少しでも遅れると、どんどん被害が広がって取り返しのつかないことになる。一秒でも速く、トラブルを解決したいのだ。しかし、あわてて作業をして身体を濡らしてしまったり、ハーネス（命綱）をつけ忘れてもしものことがあったら、そこで一巻の終わりである。

山田さんは一つひとつ工夫を重ね、誠実に応えてくれた。試作品が上がった段階で、全天候試験施設を借りてマイナス一五度から六〇度までの環境を設定し、厳しいテストを行なった。もちろん、テストをするのは僕自身だ。できたばかりのウェアを着て、施設の中でロープ作業をする。そこに雨、風を送る。さらにスタッフからバケツで思いきり水

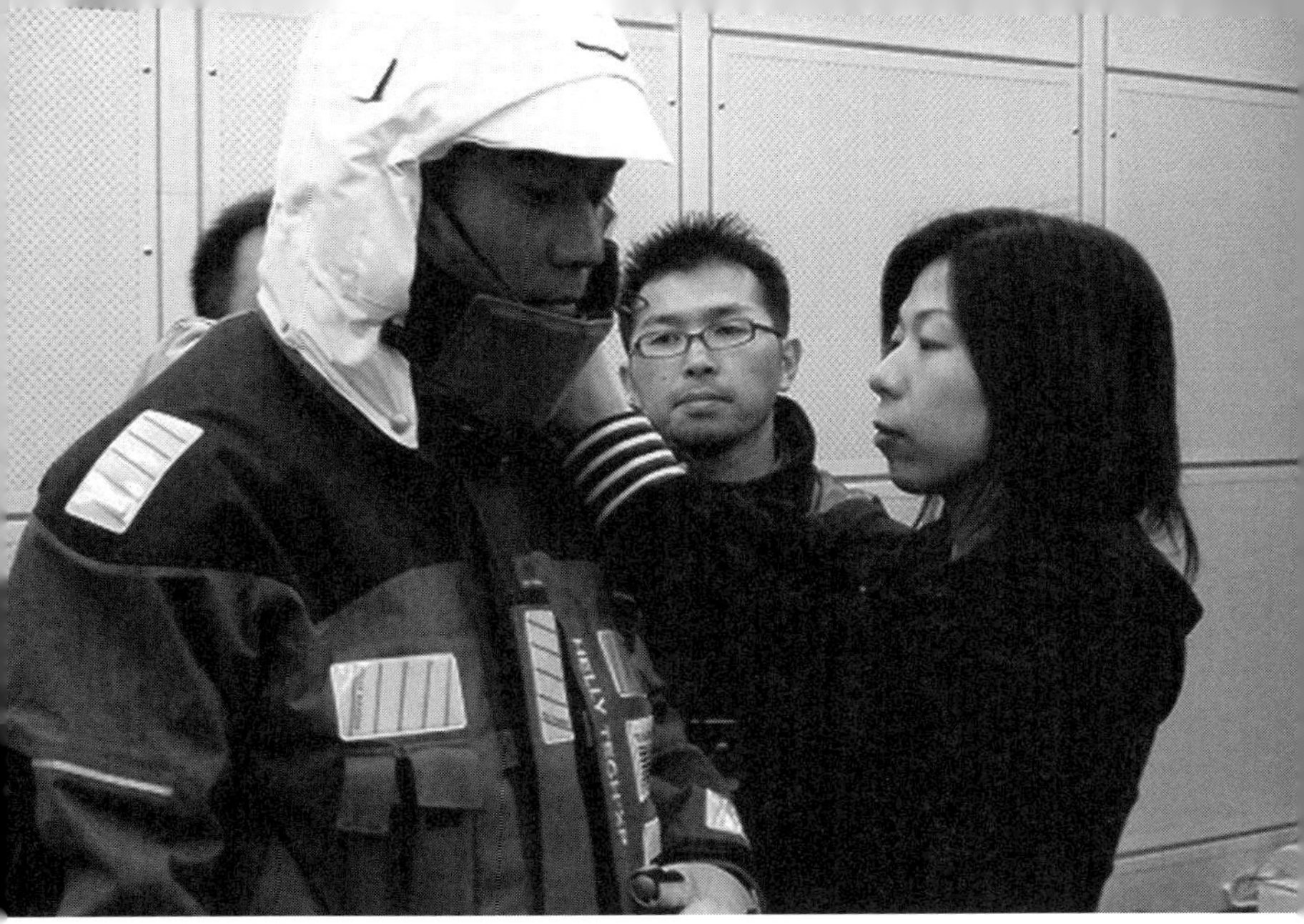
たくさんの人の協力で、最強のウェアが完成した

をかけてもらい、波を被《かぶ》る実験もしっかり行なった。

このとき、僕の身体にセンサーをつけ、温度、湿度、体温を測定した。人間は体内温度が四二度を超えるとひじょうに危険な状態になる。しかし、せっかく実験するのであれば、どこまで耐えられるか、倒れるまで試してみたい。そう考えて、僕は体温が四二度を越えそうになってもテストをつづけた。しかし、さすがに施設の人が「やめてください！」と止めに入り、強制ストップ。あとで、実験施設の方に叱られてしまった。

そんなわけで、倒れるまで試すことはできなかったが、とても良い経験をさせてもらった。この実験により耐久性や防水性、発汗性などが調べられ、生地の厚さを決定したり、防水方法が工夫できた。

もう一つ重要な着替えのスピードを速めるために、ウェアの形状はワンピースを採用した。一般には、パンツとジャケットのツーピースが主流である。僕もこれまではツーピースのウェアを使用していた。まずパンツを履いて、ブーツを履き、次にジャケットを着用。最後にハーネスを着けてようやく装着が完了する。ツーピースウェアは、寝ている状態から完全に装着するまで、二分以上かかった。

今回開発したワンピースは、ウェアだけでなくブーツも含めて一気に装着できるものにした。ブーツとパンツ部分はあらかじめ防水テープで止め、一体化してある。ブーツにワンピース・ウェアが丸まってついているので、ブーツを履いたら服を下からスルスルっと上に向かって伸ばし、ジャケットに手を通してファスナーを締めればでき上がり。このウェアだと、実に一分を切るタイムで寝ている状態から完全装備にできるのだ。

しかも、ハーネスは最初からウェアに縫いつけてある。人間は隙《すき》ができたり、「めんどくさい」と感じてサボるときが必ずあるものだ。僕もある。それを前提に開発を進めた。あらかじめハーネスをウェアに取りつけておけば、「今日は大丈夫」と油断してハーネスをつけない「危険性」を防げるのである。ヘルメット代わりになるよう、フードにもパッドを縫いつけていただいた。

そのほかの細かい部分も、できる限り僕がストレスを感じないように工夫していただいた。ポケットの位置はどこが最適か、ファスナーは上から閉めるのがいいか、下から閉めるほうがいいか。

すべてのアイデアを試し、七、八着の試作を繰り返してようやく、青の赤道バージョンと、赤の南氷洋バージョン二着が完成した。すべて手縫いだ。細心の配慮、最新の素材や技術でつくられたこの二着で、僕は過酷な世界一周レースに再び挑んだのである。

他のスキッパーからは「うらやましいな」と声が上がった。たしかに、普通メーカーはここまでやってくれない。ヘリーハンセンのスタッフも僕と一緒に、命がけで戦ってくれる仲間なのだと、あらためて感じる。

一〇〇日以上寝ずに戦う僕にとって、日々の集中力やストレスの軽減は本当に大切なものだ。ウェアもまた、僕の大事な同志である。５オーシャンズのスタートを快調に切れたのは、このウェアのおかげだ。

後日談だが、レースが終わったあと、「あのウェア、いくらで買えますか？」との質問をよく受けた。開発費用を含めて、一着二〇〇万円はかかるそうである。

「勘」が働くときは、疑わずそれに従う

マイクによるアレックス救出劇が行なわれた日から、海は大荒れに荒れた。ユーコー号は真正面からの向かい風の中を進んでいく。そこへ、また悪いニュースが飛び込んできた。今度はマイクの船がマスト二ヶ所にダメージを受け、修理のためケープタウンへ向かうという。レース委員会に問い合わせたところ、「救助の要請は来ていないので、コージローはそのまま進んでよろしい」とのこと。

勇敢にアレックスを助けたマイクのマストが折れるとは思わなかった。このヨットレースは本当に何が起こるかわからない。

僕は南へ下れば近道だが、氷山が待ち受けているような気がした。仲間たちを襲うトラブルがつづいたせいか、南には悪い「気」が流れていると感じた。根拠はない。ただの僕の直感だ。こんなとき、僕は自分の直感に従う。

一二〇日にも及ぶレースをしていると、調子のいいとき、悪いとき、普通のときがくり

返し何度も巡ってくる。一つのレグのなかでも同じだ。調子のいいときは、勘が冴《さ》える。だから瞬間の「ひらめき」があったら、僕はそれを素直に信じている。

今日はなんだか調子がでない、雰囲気的に乗っていない、と感じるときは間違いなく勘が鈍っているので、コンピュータが出す指示に従う。客観的なコンピュータはずば抜けていい手も打たない代わり、最悪の手も打たないので無難《ぶなん》である。人間には直感力がある。これをフルに使う。しかし、安定的なものではない。そこで、より安定している客観的な機械も使う。どちらが良い悪いの話ではなく、すべてを使って乗り越えていかねばならない。

海の上では、風が収まったあとも波はすぐには収まらない。収まったと思っても、何千と押し寄せる波のなかに一つ、はぐれ波と呼ばれる巨大な波がやってくる。自然を相手にするときは、決して油断してはならない。

ジェノアは慎重に巻きつけて回収したが、これだけでも半ベソになるくらい大変な作業だった。この航海ではすでにC6セールも破いている。セールロッカーにしまってあるC6セールの上にジェノアを乗せたとき、「白石さん、また破《やぶ》いたんですか？」とセールに言われたような気がした。

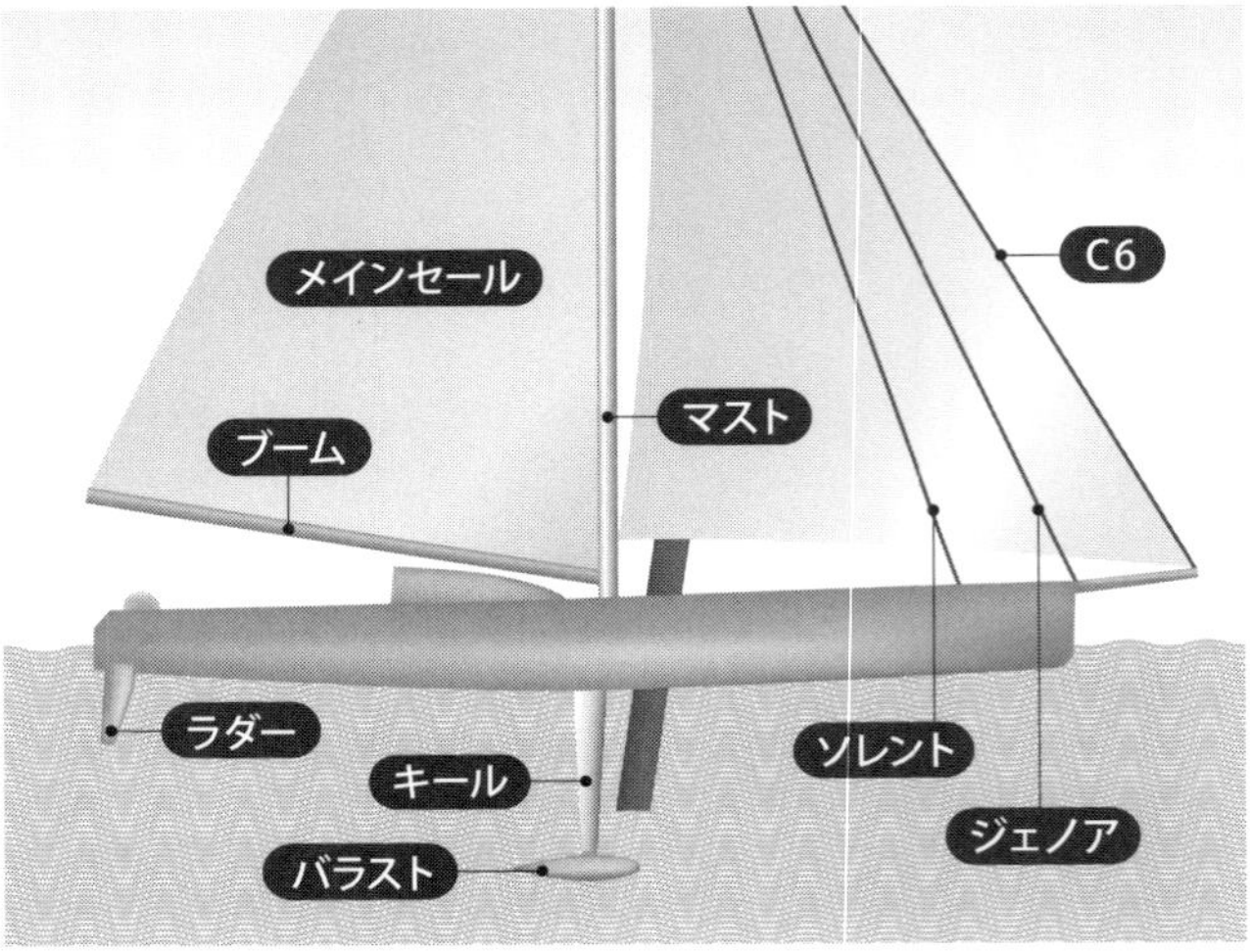

セールなどヨットの装備の名称

ユーコー号には、もう強い風に張る追い風用のセールがない。走りにかなり影響が出るだろう。エンジンにも少し問題が出ている。フリーマントルまではあと少しだが、港に入ったらかなりの修理が必要だ。費用もかさむ。

しかし、こんな悪い状況のなかでも、よいことは絶対に探せる。たとえば……

・ジェノアの破損が次の最長レグでなく、このレグでよかった。
・三〇ノット近い風のなかで、安全にセールが回収できてよかった。
・海域が温かくなってきて、手があまりかじかまなくてすんだ。
・お金をかけてメインセールとソレントを新調し

ておいてよかった。
・ほかの船と比べれば、まだまだ被害は少ないほうだ。
・何より空が高く蒼《あお》い！

ズタボロにやられたとき、僕は自分の「奥義《おうぎ》」を出す。僕の奥義を名づけるとしたら、「前向き！」である。いつだったか、鎌倉の八幡宮で三回つづけて凶を引いたことがあった。そのとき「望むところだ。いつか必ず吉を引いて見せる」と、つい口に出してつぶやいたら、隣にいた女房に言われたものだ。

「あなたってどこまでポジティブシンキングなの！」

底なしの「前向き」姿勢は、荒れる海でもとても役立つ。

苦労した分「感謝力」の大きい人間になれる

二〇〇六年一二月七日二二時〇〇分二七秒、フリーマントルのフィニッシュラインを通過した。第一レグに費やした時間は、四六日と二時間〇〇分二七秒。僕より先にゴールしていたのはバーナードだけ。日本人として初めて挑戦したクラスⅠの第一レグは、第二位という思わぬ好成績で幕を閉じた。

おまけにメディア賞もいただいた。『めざましテレビ』をはじめ、レース中さまざまなメディアに出演して大会の認知度を高めた、というのが授賞の理由だ。西洋のジャーナリストたちにとっては、僕の発言も面白いらしい。同じ質問をぶつけても、日本人の僕は西洋人スキッパーとはまったく違う答えを返すそうだ。

たとえば前回のアラウンド・アローンでは、スタート直前の取材で「どの色のトロフィーがほしいですか?」と聞かれて、「僕がほしいのはトロフィーではなく、全員で無事にまたここへ戻ってくることです」と言った。そのときスキッパー全員が、コージローの言う通りだと拍手をくれた。きれいごとではなく、日本人としてごく自然に出た言葉だったが、この発想が西洋人には珍しいらしかった。

第一レグの成績は、バーナード、僕、ロビン、ウナイの順である。マストにダメージを受けたマイクは、結局第一レグの途中で棄権《きけん》してしまった。だが、見事な救出劇を演じたマイクは、間違いなくこの大会のヒーローだ。マイクには、またいつか胸を借りて勝負したい。

ビルバオからフリーマントルまで、実際船に乗ってきたのは僕一人だが、不思議なことに航海中いつも人の気配を感じていた。応援してくれた皆さん、どうもありがとう。フリーマントルにはスタッフクルーや関係者、家族が待っていてくれた。

それに、リタイアしたマイクまでいる。もしリタイアしたのが僕だったら、今頃はあわてて日本へ引き返し、スポンサー企業をお詫び行脚《あんぎゃ》しているところだろう。しかしマイクは、リタイア後いったん自宅へ帰り、「バカンスで遊びにきたよ」と言っている。このあたりもイギリスと日本の違いだ。

先にフリーマントルに着いたほうが食事をおごる、という約束を果たすため、マイクの家族と僕の家族でレストランへ行った。長い航海から陸に上がると、しばらくは感動の連続だ。

「白石さんは感動力の大きな人ですね！」

僕のブログを読んでくれる支援者からこんなメールをもらったことがあるが、僕の感動力が大きいとしたら、それは人より苦労を多くしているからにほかならない。抗《あらが》いきれない大自然のなかで何日も一人揺られていると、ごく当たり前の日常生活のありがたさが身にしみるようになる。テーブルに置いてあるお皿が揺れない！　これだけでも大きな感動を覚える人間になれるのだ。

第４章

人生で大事な人には自分から近づいていく

師匠と支援者、仲間たち

待っているだけでは大事な人に出会えない

これまでの人生、周《まわ》りの人に恵まれてきたと思うし、人からも「白石さんは出会い運がいいですね」と言われる。でも、僕は出会いをただじっと待っていたわけではない。向こうから僕に声をかけてくれたわけでもない。知り合いたい、話したいと思う人には、いつも僕は自分から会いにいった。棚からボタ餅が落ちてくるなんて、なかなかないものだ。いい人間関係は、自分からつくっていく。そして縁《えん》は育てていかなければならないと思う。

とくに知識も体験も少ない若い頃は、それを教えてくれる「師」を自分から探さねばならない。ヨットでの世界一周を夢見ていた一八歳の僕の場合、それが多田さんだった。いきなり電話して「会いたい」と伝えたあのとき、もし断られていたとしても、僕はきっと何度も電話でお願いするなり、直接会いに行くなり、あきらめずにアタックを繰り返していたと思う。

ラッキーなことに、多田さんは誰に対してもオープンな人だった。多田さんと出会ったことで彼の周囲にいた人たちとも知り合えた僕は、学校や家では決して学べないことをたくさん教わった。

僕が弟子入りした頃、多田さんは斉藤茂夫さんというヨット仲間と一緒に船をつくっていた。この二人の共通点は並はずれた想像力と実行力だ。「こんな感じかな」とアイデアと勘だけで見事なヨットをつくってしまう。しかもその拠点は多田さんの知り合いがいるお寺の境内《けいだい》で、完成したヨットを横倒しにしてがらがら港まで引きずっていったりする。

ヨットだけでなく、多田さんと斉藤さんはバイクのエンジンを利用し、木のプロペラをつけた水上飛行機も三機つくっていた。プロペラの先に金属をつけなかったために、何度テスト飛行をしても木のプロペラが水力で削られて飛ばなかったそうだ。こんなこと、本を見ればわかりそうなものだが、とにかく基礎を度外視して自力でやってしまう二人である。水上飛行機づくりに失敗した多田さんの言葉がまたすごい。

「離陸の仕方は知ってるけど、着陸の仕方は知らなかったので、飛ばなくてよかった」

と平気で言う。予科練にいた多田さんは滑空士の資格は持っているが、それだけで水上飛行機をつくって操縦しようとしていたのである。

「コーちゃん、ちょっと行こう」

ある日、斉藤さんにそう言われてついていった先はジャンク屋だった。廃車がたくさん積み上げられている上に登った斉藤さんは、バッテリーの配線をとってきた。それをヨットに使うのである。部品が足りないときは、ゴミためから拾ってくる応用力に、僕は仰天した。

「コーちゃん、寒いからヨットにストーブをつけよう」

と言って、事もあろうにヨットの中にダルマストーブをつけたこともあった。ダルマストーブは木を燃やすので煙突が必要だ。迷わず斉藤さんはデッキに穴をあけて煙突を出した。ゴミを燃やすとヨットから黒い煙が出るものだから、知らない人が火事かと思ってよく飛んできたものだった。

水産高校で基礎の基礎から勉強し、理詰めの人間だった僕には「信じられない！」ことばかりだったが、多田さんや斉藤さんの非常識さはとてつもなく魅力的に思えた。海の上でヨットにトラブルが生じたときの応用力は、多田さんや斉藤さんに学ぶところが大きかった。

多田さんも斉藤さんも完全に天才型の人間だ。多田さんが第一回の単独世界一周レースで優勝したのも、ほかの出場者より圧倒的に軽い船をつくったことが大きい。コンピュータではじき出すデータではなく、「できるだけ軽くしたい」という思いと勘だけを頼りにつくられた多田さんの船は斬新《ざんしん》で、ほかの船より抜きん出ていたのである。

しかし、天才にも落とし穴がある。勘が見事に当たればいいが、それがマイナスに触れると、取り返しのつかないことになってしまう。二回目の単独世界一周レースで多田さんの船が三度ひっくり返ったのも、キールの設計が限界点を越えていたからだ。

一般にヨットは、船底の下に重りがついているため、真横に傾いても起きあがってくる。船が傾けば傾くほど重りがきいて復元力が増すので、一二〇度傾いてセールが海の下に沈んでも、じっと待っていれば起きあがる。ところが多田さんのオケラ八世号は普通に浮いているときも、真っ逆さまになっているときも、ほぼ同じ安定度だった。つまりひっくり返ったままで安定してしまい、きわめて起きあがりにくい構造になっていたのである。これは僕が多田さんの死後、計測してわかったことだ。

水産高校では、「船を見るときは形から舵《かじ》の位置、配管まですべてをくまなく見ろ」と、エンジニアとして大事なことを叩き込まれた。そのおかげで多田さんの弟子時代から、僕はレースに出場する船全部を見て回り、メモをとっていた。そこから広がった人間関係もある。多田さんという天才の感覚やアイデア、それに水産高校での理詰めの教え。その両方から学べたことがひじょうにありがたかった。

大金は人を良くも悪くも変える

ヨットのレースで外国人セーラーや仲間に会うと、今でもしばしば多田さんのことが話題になる。

「ユーコーにはラジオを貸したままなんだ」

「俺は金を貸したままだよ」

どうやら僕の師匠・多田雄幸は、いろいろな人からモノを借りる名人でもあったようだ。それでも、貸した側はみんな笑顔で多田さんの思い出を語っている。

「なんだっけなあ〜」

多田さんとつき合いのあった外国人は、僕と会うと合い言葉のようにこのフレーズを言って、ひとしきり笑う。英語の単語を思い出そうとするとき多田さんがよく言っていたこの言葉は、多くのセーラーたちに広がっている。多田さんの言葉と行動は、国や人種の壁を越えて温かい空気を生み出すのだ。

真冬に多田さんとセーリングにでかけたとき、「コーちゃん、寒いから石油ストーブ買ってきたよ」と、ヨットの中にそのままストーブを置いたこともあった。当然ながら船が揺れるたびに転倒防止装置が働き、ボンッ、ボンッと嫌な音を立てて石油ストーブの火は消える。

「多田さん、海の上では使えないって、買うときに思わなかったの？」

まだ一〇代だった弟子の僕にこう言われて、師匠は「へへへっ……」と恥ずかしそうに笑っていたっけ。なんとも言えないかわいげと、底抜けの人の良さがある師匠だった。

でも、その人の良さが裏目に出ることもあった。二回目の単独世界一周レースの前、多田さんには豊富な資金が集まった。一度優勝した実績に加え、世の中はバブル景気の真っ最中だったからだ。

「これで新しい船を造ろう！」

多田さんは自ら設計し仲間内で造り始めた。船づくりに協力してくれた人のなかには、一回目のレースのとき自ら資金を出し、手弁当で手伝ってくれた人たちも多く含まれていた。その人たちに、今度はお金の心配をかけず、船づくりに専念してもらえる。多田さんはそう考えていただろうし、僕もそう思っていた。

ところが、それは甘い考えだった。大金を目の前にして、奪い合いが始まってしまったのだ。前回はボランティアどころか自分のお金を出してまで多田さんを助けてくれた人たちが「お前、これは高すぎるだろう」「いや、これぐらいの仕事はしているはずだ」と、言い合っている。

船づくりの現場にいてその姿を目《ま》の当たりにした僕は、最初のうちはただ呆気《あっけ》にとられるばかりだった。しかし多田さんの弟子という立場上、いろいろな人が僕のところへ来ては、いろいろなことを言っていく。多田さんに知らせず解決を図ろうと思っていたが、二二歳で社会経験もない僕にさばききれるはずもない。何度か多田さんに知らせ、数十万円を多田さんから預かり、「これでなんとか収めてください」と頭を下げて回ることもあった。

お金というものは恐ろしい。お金はみんなで出し合うと上手《うま》くいくが、奪い合うと本当に悲惨な結果になってしまう。とくに契約書を交《かわ》さずになあなあで仕事を進めることが多い日本では、状況が悪くなるとお金の面でもめることが多い。このことは、その後さまざまなイベントやレースを手伝うなかでも見聞きした。今考えると、まだ二〇歳そこそこの頃に身をもってお金の恐ろしさを学べたのは大きかった。

僕の世界一周はたくさんの善意に支えられているが、スタッフにはプロフェッショナルを雇い、きちんとお金を払っている。ボランティアを志願してくれる人もいるが、ボランティアのなかには責任感がない人もいる。これは自分が主催したアドベンチャーレースや、ほかのレースの助っ人《すけと》をしたときに学んだ。たとえば、とあるレースのボランティア志願者に「駐車場の係りをお願いします」と言ったら、「えっ、僕は競技のスタッフになろうと思って来たので、駐車場係りならやめます」と帰ってしまった。

だからこそ、プロが必要なのだ。それが自分の親しい人であっても、金額をはっきり伝えてお願いする。僕の場合はいつも資金不足なので、仕事を頼むとき「これだけしか払えない」と言わなくてはならない。その代わり、苦しい現状を伝え、公平に支払う。お金の分配には、公明正大さがなにより大切なのである。

縁を大切にすれば新たな縁が生まれる

「うまくいっているときは人が集まってくるが、ピンチになったら人がさっと逃げていった」

よくこんな話を聞く。これは日頃の人間関係にかかってくる問題だろう。親戚にしても友だちにしても、つき合いを大切にしていれば、困ったときほど近くにいてくれたり、助けてくれるものだと思う。

人は必ずピンチになる。そんな場面では、自分がいいときにどれだけ人を助け、大切にしてきたかが問われるのだ。

それに、いいつき合いからは、新しい縁も生まれてくる。一〇代後半から多田さんのそばにずっといた僕は、多田さんの縁で多くの人に出会い、人間関係を広げてきた。海洋写真家の矢部洋一さんも多田さんのおかげで知り合った僕の兄貴分だが、その矢部さんがつなげてくれた縁もある。

「コーちゃん、ブルーノ・ペイロンの船が横浜に来てるよ」

矢部さんがこう知らせてくれたのは、一九九八年のことだった。ブルーノ・ペイロンとは、七九日間でヨットによる世界一周を成し遂げ、ジュール・ベルヌ・トロフィーに輝いたセーラーである。そのブルーノがエクスプローラー号で横浜の港にやってきた。

エクスプローラー号は、船体を二つつないだ形のカタマラン艇だ。僕のユーコー号のように船体が一つのモノハル艇に比べ、重りがない分スピードが出る。ブルーノが横浜に来た目的は、この船でサンフランシスコまで渡り、太平洋横断の世界記録を狙うためだ。矢部さんの話では、日本人のクルーも一人乗せていく計画らしい。

これを聞いたとたん、僕の頭にはエクスプローラー号がサンフランシスコのゴールデンゲートブリッジをくぐっている光景が浮かんだ。甲板にはブルーノ、そして横には僕が乗っている！ そう、僕が乗るのだ！ あっ、いけない、パスポートが切れていた。

僕はすぐにパスポートの申請に行き、英語でプロフィールを書いて横浜へ飛んで行った。

「すごいね、その若さで単独世界一周もしたんだ。でも、日本人クルーは僕らが決めるわけじゃない。それに、もう有力候補がいるらしいよ」

エクスプローラー号のクルーにそう言われても、怯《ひる》む僕ではない。

「僕がクルーに選ばれるかどうかはわからないけど、エクスプローラー号を整備する手伝いをさせてくれないか？」

それならウェルカムと言われ、僕はデッキ磨《みが》きやセール張りなどクルーに言われるまま朝から夜まで毎日作業をつづけ、ブルーノには会えないまま記者会見の日を迎えた。クルーの話では、日本人クルーは菊地透さんに決まったという。菊地さんはアメリカズ・カップ出場経験もある、日本では有名なセーラーだ。

でも、そう聞いても僕は、「いや、本当は僕が乗るんじゃないかな」と思いながら記者会見場に行った。会見に呼ばれてもいないのに、「日本人クルーは白石康次郎」と発表されることを最後まで信じていたのだ。

会見場のテーブルには、ブルーノの名前と並んで菊地さんの名前があった。それを後ろのほうから眺めたとき、初めて現実を突きつけられた。その瞬間「タバコ吸っちゃおうかな」とか「髪の毛染めちゃおうかな」とか一人でスネながらそこにいた。しかも、会見のあとのパーティーものぞきに行ったのだ。もちろんこの場にも呼ばれていない。僕に話しかける人もいない。ここでやけ酒でも飲んで帰ろう。そう思ってビールのグラスを取り上げたら、誰かがうしろから僕の肩を叩く。振り向くとブルーノだった。

「お前がコージローか？　船の整備をいろいろ手伝ってくれたそうだな。ありがとう」

僕は感激して、

「いえ、僕のほうから手伝わせてくださいって頼んだんです。こんなすごい船を見られるチャンスはめったにないので、最後までお手伝いしたい」

と言うと、

「お前、出港の瞬間、船に飛び乗るなよ！」

カタマラン艇エクスプローラー号

ブルーノは、どうしても乗りたいという僕の気持ちも、断っても飛び乗りかねない僕の性格もお見通しのようだった。

記者発表会の翌日、エクスプローラー号のお披露目会《ひろめかい》が行われた。マスコミの人を乗せて東京湾を走るのだ。僕はその朝、いつものように誰よりも早く船に乗り、甲板を磨いていた。そこへブルーノが来て、クルー用の黒いユニフォームを僕に手渡し、こう言ってくれた。

「コージロー、今日はお前も乗れ」

クルーとして乗せてくれただけでなく、クルージングの最後になって、ブルーノは僕に舵をとらせてくれた。うれしかったな、あのときは。もうこれだけで満足だと思っていた。

お披露目走行を終え、僕がロープを片づけていると、ブルーノに呼ばれた。

「悪いな、コージロー。ペイド・クルー（給料つき乗組員）は菊地に決まっている。だからお金は払えないけど、お前も一緒にサンフランシスコに行くか」

もちろん！　お金なんか問題じゃない。こうして僕は、六人で出港する予定だったエクスプローラー号に、特別に七人目のクルーとして乗り込んだ。なぜ不可能なことが可能になったのか。状況がどうなろうがひたすら明るい顔で手伝い、「どうしても乗りたい！」という気持ちを全身で表現していた僕を見ていたクルーが、「あいつを置いていくと寝ざめが悪い」とブルーノに言ってくれたのかもしれない。最後まで自分の思いを捨てないで陽気に人と接していれば、こんなどんでん返しが待っていることもある。諦めなければ可能性は広がっていくのだ。

エクスプローラー号は横浜～サンフランシスコ間を一四日で走り、それまでの記録を二日も更新する世界記録を打ち立てた。ゴール地点には、シラク大統領からシャンパンが届いていた。ブルーノは自国の大統領とも友人だったのである。そして僕には、そのブルーノと一緒に世界記録をつくったクルーとしての栄誉が与えられた。

ブルーノには、その後も船を買うとき相談に乗ってもらったり、いろいろお世話になっている。憧《あこが》れのデザイナー、フィノの船を入手できたのも、ブルーノが「コージローなら安心だ」とフィノに僕のことを話してくれたからだった。

誠意を尽くせば誠意が返ってくる

伊豆松崎にある岡村造船所の親方宅に居候しながら船を直した話は前にしたが、この家ばかりでなく、僕はいろいろなお宅で居候体験をしている。多田さんに突然命じられ、多田さんの仲間の家に住み込みで船づくりを手伝ったこともあれば、多田さんのお兄さんの家に居候していたこともある。

いくつもの家族を客観的に見られたこの体験は、とても貴重だった。僕は幼いときに母親を亡くしたが、家庭における母親の役割を居候生活で知ることもできた。たとえば岡村の親方の家にいたとき、奥さんが僕の服を洗濯して枕元に置いてくれたことがある。朝起きてきちんとたたんである自分の服を見たとき、「母親というのは、こんなことまでしてくれるのか！」と感動したものだ。僕の家では、洗濯は子供たちそれぞれが自分でするものだったからだ。多田さんのお兄さんの家では、ごく当たり前の家族の団欒《だんらん》が、このうえなく尊《とうと》いものに思えた。

食事と寝るところを提供してもらう居候先では、僕にできることは手伝うように心がけていた。といってもせいぜい犬の散歩やちょっとした買い物、それに子供たちの遊び相手になることぐらいだが。

居候先が外国の家でも、事情はまったく変わらない。世界一周レースの出発地や寄港地で、ホテルに泊る余裕のなかった僕は、ホームステイでいろいろな家庭のお世話になってきた。何かお礼をしたいが、英語での会話は苦手だし、フランス語やスペイン語はさらにわからないので、外国人の家にいるときは掃除をしたりお皿を洗う。庭を大事にするアメリカ人の家なら、朝早く起きて芝を刈ったり、ちょっとした大工仕事をしてあげる。もちろん「何か手伝うことはない？」と聞くことも大事だ。

日本の家庭では、ホームステイの外国人が来ると「お客さま扱い」して何も手伝わせないことが多いようだが、欧米の人たちは自主的に手伝うとすごく喜んでくれる。人種が違おうが文化が違おうが、皿洗いと掃除は世界のどこでも「ありがとう」の証《あか》しとして通用するのだ。外国語が話せる話せないの問題ではない。掃除も皿洗いも言葉ではなく行動なのだ。行動は万国共通である。

ボストンの人に聞いた話では、「日本の学生はホームステイ先で手伝いをしない」という。日本で外国人留学生を受け入れている家族は、「外国人はいきなり冷蔵庫を開けるので図々《ずうずう》しい」という。国によって固有の文化があるし、家庭ごとにも異なる習慣や価値観があるため、すれ違いや摩擦は必ず起きる。

でも、ここで相手の欠点を攻撃してはいけない。相手のいいところを引き出せば、融合してきれいなハーモニーが生まれる。誠意をもって相手に対すれば、必ず向こうからも誠意が返ってくるものだ。その証拠に、僕はかつて居候させてもらったファミリーと今も親しくつき合っている。最初の世界一周レースのときにお世話になったニューポートのバーバラなどは、東日本大震災と原発の事故を心配して「日本に住めなくなったらいつでもうちにいらっしゃい」という手紙を送ってくれた。言葉ですべてを語り尽くせなくても、人間はお互いの行動や目を見てわかり合えるのである。

人の話を鵜呑《うの》みにせず、自分の心で判断する

他人の評価や噂話《うわさ》は当てにならない。人を判断するときは、必ず自分で会ってからにしたい。自分ではそうしているつもりの僕も、いつの間にか情報の断片《だんぺん》だけで人を色メガネで見ていることに、あるとき気づいた。

僕の目を開かせてくれたのは、横浜市長の林文子さんである。林さんが市長になった翌年の二〇〇九年、僕は横浜市の成人式にゲストとして呼ばれ、新成人の前で話をすることになった。人口三六〇万人を越えるマンモス都市横浜の成人式は、横浜アリーナで午前と午後にわけて開催される。その運営は学生さんに任されており、大きな規模のわりに手づくり感が漂っていた。

午前の式典が無事終了し、午後の式典を待つあいだ、僕は学生委員たちと同じ控室で昼食をとった。こんなとき、周囲を見回して気がつくことも多い。着物姿でお弁当を広げている女子学生を見かけたとき、思わず声をかけてしまった。

「もしこぼしたら着物が汚れちゃうから、膝《ひざ》に何か敷《し》いて食べたほうがいいよ」

そんな僕を見ていた人が、僕に話しかけてきた。

「あなたはどなた？　よく気がつくわね」

これが林市長だった。

「僕は白石康次郎と言います。ヨットで世界一周をしているんですが、住み込み時代も長かったもので、そこでいろいろ勉強しました」

こう答えると、意外なことに林さんはこう言った。

「そう、それでよく気が利くようになったのね。私と同じだわ」

それまで僕は、林さんの経歴だけを見て、僕には縁遠い人だと思っていた。エリート大学出身のキャリアウーマンとばかり思っていたのだ。

ところが林さんは高卒で車の販売会社に入り、ナンバーワン営業員になったという。しかも、車販売会社に入社したのは三〇代、結婚して専業主婦をしていたときだ。きっかけもすごい。あるとき林さんの自宅に来た車の営業マンがあまりに横柄《おうへい》だったので、「こんな態度で車が売れるなら私にもできる」と思ったそうである。そしてその通り、トップに登りつめた。

時代は高度成長期の後半、売り手市場だったとはいえ、やはり営業の方法で成績に差が出る。林さんは、その日売り場に来たお客さんの家を、必ずその日のうちに訪ねて回った。深夜近くなってもその家の前まで行き、その場で書いた手紙を郵便受けに入れてから帰路についたという。

トップになって男の部下ができてから、林さんはどんなに成績の悪い部下でもすぐにクビを切ることはしなかった。どうしても辞めてもらわなければならない場合は、つぎの就職先を探す期間を考慮し、「あと半年はいていいですよ」と言ったそうだ。人間心理をよく知っている林さんは、人の使い方が抜群にうまい。

この人は本物だ！　林さんの話を聞きながら僕は何度も心のなかで叫んでいた。人を信頼して厚いつき合いをしていると、目が横に切れるようになる。目が横に切れるとは、大勢の人がいる場でも隅々までものが見えるようになることだ。人のことをちょっと観察しただけで、その人がどういう人かを見抜く洞察力《どうさつりょく》も深まる。

僕のスポンサー企業の会長もその一人だ。会長はあるパーティーで会場中の一人ひとりに名刺を差し出してきちんとあいさつしている相撲《すもう》の親方に目を留めた。その地位に甘んじることなく、腰を低くしながら支援者を増やそうとしている親方に惚れこんだ会長は、それ以来その親方と親しくつき合っている。この親方もすごいが、何百人が集う会場で親方の行動に気づいた会長もすごい。大きな組織のトップに立つ人には、こういうタイプが多いのである。

どんな縁でも一生懸命育てれば大きく伸びる

何となく虫が好かない、できれば関わりたくない……誰にだって、そんな出会いもあるだろう。お釈迦様にしても、「苦」の一つに「嫌《きら》いな人とつき合うこと」と言っていたくらいだ。

僕の場合、権力を笠《かさ》に着て弱い立場の者をいじめる人と出会うと疲れるが、そんなときは孔子《こうし》の言葉に従うことにしている。

「嫌な人がいたら、敬《うやま》って遠ざけなさい」

喧嘩はせず、相手を敬いながら遠ざけるとは、うまい解決法だ。でもこれは、たとえば免許の取得や交渉事などで関わる人の場合で、日常生活のなかで見つけた縁《えん》は、どんな縁でも大切にしたいと思っている。縁は育てていけば必ず大きく育つ。このことは本当に実感している。特別な能力もない僕は、縁を大事にすることで、ここまで来られたのだと思う。最近、『縁を生かす』という実話を読んで感動したので、ぜひここで紹介したい。登場人物は小学校五年生の担任を受け持った女の先生と、そのクラスの男の子である……。

先生は初めのうち、その男の子が不潔に見えて好きになれず、記録にも少年の悪いところばかりを記入していた。ところがあるとき、少年が一年生だったときの記録を読んで愕然《がくぜん》とする。

「朗らかで、友だち好きで、人にも親切。勉強も良くでき、将来が楽しみ」

そこには先生の評価とまったく違う少年の姿が記されていた。これはほかの子の記録と間違って書かれたのだろう。そう思ったが、さらに記録を読み進むと、少年が二年生のときに母親が病気にかかり、その看病で少年が疲れきっていく様子が描かれていた。母親は看病の甲斐なく少年が三年生のときに亡くなり、四年生になると父親がアルコールに依存し、少年に暴力をふるうようになる。

だらしない子と決めつけていた少年の深い悲しみが、先生に伝わってきた。その日の放課後、先生は少年に声をかける。

「先生は夕方まで教室で仕事をするから、あなたも勉強していかない？　わからないと少年は先生の前で初めて笑顔を見せ、それから毎日放課後の予習復習が始まった。少年は授業で手を挙げるようになり、しだいに自信を持ち始めていく。

クリスマスの午後、少年は先生にプレゼントを渡した。香水の小瓶だ。少年の母が使っていたものだろう。それをつけた先生が夕方少年の家を訪ねると、少年は先生の胸に顔を埋《うず》めてこう叫んだ。

「ああ、お母さんの匂い！　今日は素敵なクリスマスだ」

先生が少年の担任をしたのはたった一年間だったが、少年は卒業するときカードを贈ってくれた。

「先生は僕のお母さんのようです。今まで出会ったなかでいちばん素晴らしい先生でした」

それから六年。先生の元にはまた少年からカードが届く。そこには先生へのお礼と、奨学金をもらって医学部へ進学することが書かれていた。

さらに一〇年後。今度のカードには、「父親に叩かれた体験があるから、患者の痛みがわかる医者になれる」と記され、こうつづいていた。

「あのままだめになってしまう僕を救ってくださった先生を、神様のように感じます。

大人になり、医者になった僕にとって、最高の先生は、五年生のときに担任してくださった先生です」

その一年後。先生の元に届いたのは、結婚式の招待状だった。そこには一行、こう添えられていた。

「母の席に座ってください」

……この物語が載っていたのは『致知』(致知出版社)という雑誌の二〇〇五年一二月号で、その後同じ出版社から発行された単行本『心に響く小さな五つの物語』にも収められている。僕は読むたびに泣いてしまうし、女房に勧めたら、やはり号泣しながら読んでいた。

これは圧倒的な母性の物語だが、その父性版とでも言うべき話を当人から聞いたことがある。当人とは、柔道の金メダリストで現在は神奈川県体育協会の会長を務める山下泰裕さんである。東海大学柔道部の監督をしていた頃、山下さんには気に入らない四年生部員がいた。サボってばかりいたからだ。そんな折、白血病の子供を持つ九州の母親から山下さんに電話があった。東海大の近くで子供が手術を受けることになったが、大量の血液がいるので柔道部の人に協力をお願いできないかという内容だ。

山下さんが学生に聞くと、血液型の合う学生は全員協力してくれるという。手術は無事に終わり、山下さんが母親に会いに行くと、「柔道部のなかに、毎日病室に来て子供を励ましてくれた人がいて、とても力をもらった」という。学生の名前を聞くと、山下さんがサボり魔と決めつけていた四年生だった。

このとき、山下さんはハッと気づく。自分は身体にも恵まれ、いつも陽の当たる道を歩いてきたが、あの学生はこの四年間どんな思いで柔道部に在籍していたのだろう。地方の高校にいたときは最高の選手だったかもしれないが、全国から選《よ》りすぐりの学生が集まる東海大に来てからは伸び悩み、気持ちが弱っていたのではないだろうか。一年生のときはまだ頑張れても、二年生になると後輩に抜かれ、三年生になっても四年生になってもレギュラーの座は遠い。そんな自分の立ち位置を、白血病と闘っている子供に重ねて応援していたのかもしれない。

「あのとき、自分は指導者として失格だなと思いましたね」

と、山下さんは言っていた。

「結局僕は、一柔道選手としてしか彼を見ていなかったんです。だから彼の優しい面を感じ取れなかったし、辛《つら》い気持ちも察してやれなかった。一方向だけから選手を見てはいけない、と反省しました」

素直な言葉でこう語る山下さんは素敵な人だ。僕もこの話には感化された。人間、根っから悪い人なんていない。ひねくれた態度をとったり悪いことをする裏には、それなりの動機が必ずある。人間は弱い。環境にも簡単に左右されてしまうし、誰もがいい面と嫌な面を持ち合わせている。人とつき合うときは、いい面を見抜いて引き出してあげたいし、それができる人が本物の教育者になれるのだろう。

自分の人生の師は、自ら選ぶ

高校までの教育の場では自分から教師を選ぶことはできないが、それ以外の場で師匠を選ぶのは弟子の権限だと僕は思っている。自分の人生を夢に向かって歩いていくためには、師となるべき人を自ら探していかなければならない。

「三年かけてただ練習をするより、三年かかってもいいから良き師匠を選びなさい」

合気道《あいきどう》の先生にこう言われたことがある。良き師匠を選ぶためには、自らの眼と精神をまず鍛えなければならない。自分の心に弱いところや邪悪な面があれば、同じ類《たぐい》の者に近づいてしまうからだ。

これをもっともよく表しているのが、『スターウォーズ』のダース・ベイダーだろう。元は善のためにフォースを操るジェダイの騎士であったが、人一倍能力が高いため妻の死を予期してしまう。「愛する妻を守りたい」という気持ちにつけ込まれ、「こっちへ来れば奥さんは助かるぞ」と、ダークサイドへ誘い込まれる。

もちろんダース・ベイダーは架空の人物だが、僕たちが暮らす社会でも似たようなことはしばしば起こっている。だんだんとダークサイドに落ちていく人は人間社会にもいる。お医者さんとか科学者を目指していたのに、カルト教団に入って人助けどころか殺人にまで手を染めた人もいた。官僚にしても、初めは国民の味方だったが、権力やお金の魅力に負けて平気で悪事を働くようになったりする。ダークサイドへの入り口は、意外と身近にあるのかもしれない。

心に弱さや迷いがあると危険である。毒でも病気でも健康であれば体の中には入らないものだ。しかし、傷があったり免疫《めんえき》力が弱っていると、そこから浸透してくるのと同じである。

師匠選びは人生を良くもし、悪くも変える大切なものだ。僕の場合、良き師匠に出会えたことは確かだ。ヨットの師匠、多田さんはもうこの世界にはいないが、僕のなかではずっと生きている。

そしてもう一人、かけがえのない師匠に出会った。前にも紹介した居合の鷲尾先生だ。居合を通じて僕が先生から学んでいるのは、一人で世界一周をするための瞬間的な判断力であり、どんな状況でも生き抜いていくための精神筋力である。

「白石君、目で見るな。心で見ろ！」

稽古中、たとえば鷲尾先生は、眉と眉のあいだを指さしながらこう言う。宮本武蔵の『五輪書』に書いてある「見《けん》の目を弱く、観《かん》の目を強く」という言葉と同じ意味だ。見の目とは人がものを見るときの目玉、観の目とは心の目である。目の前にいる敵を斬《き》ろうとするとき、見の目で見ている人は敵が動いたところを斬るが、観の目で見ていれば、敵が動くところを斬ることができる。

要するに観の目とは、物理的な視力ではなく洞察力とか第六感と言われるもののことだ。修行を積んだ達人は、つねに観の目でものごとをとらえられる。

居合道数年の僕には、観の目はごくたまにしか使えない。だから今も、一つひとつ先生の所作《しょさ》や言葉から学んでいる。

「白石君、春を抑えろ！」

「一本目前」という型《かた》を稽古していたときに、こう言われたことがある。この技《わざ》は相対して座っている相手と不穏な空気になり、スッと前へ出て眉間を斬る技だが、僕も抜いた瞬間、ちょっと剣先が高いなと思った。

「立春はわかるな。春が訪れる前は一瞬ぐっと冷え込む。だから白石君、春を抑えるんだ」

この説明でもまだ難しいが、要するに僕が浮足立って姿勢も高くなっているのを、先生は「抑えろ」と言っていたのだ。多分普通の師匠なら「お前、ちょっと剣先が高いぞ」とでも言うところだろうが、鷲尾先生の言い廻しはハートまで響《ひび》き渡る。

「追い風」という技について僕から先生にたずねたことがあった。この技は追い風の如《ごと》くスススッと相手に近寄りパッと斬る。歩数は決まっていないので、

「先生、これはいつ刀を抜いたらいいんですか？」

鷲尾先生の答えは次のようなものだった。

「白石君、花がエイ、ヤァーって咲くかね」

これももう少し別の表現に直さないとわかりにくいかもしれない。

花は「よ～し、咲こう！」と考えて咲くのではない。咲くべきときに咲くのだ。花の如《ごと》く、早く刀を抜いて斬ってやろうと考えるのではなく、抜くべきときに抜けばよろしい。

僕流に訳すと、先生が言いたかったのはこういうことだろう。

「考えるな。そして、とらわれるな」

これも鷲尾先生がよく言う言葉だが、なかなかできるものではない。「岩波《いわなみ》」という技がある。相手が向かってくるので、普通に刀を抜いて受けても間に合わない。そこで、横に抜いた刀を手の平で返し、相手の懐《ふところ》に入り、岩に波が当たるが如《ごと》く、どんと相手の腹を突く。そのあと倒れた相手を斬る。これを練習しているとき、「危ないな、へたをすると刀を返すとき自分の手を斬りそうだ」と考えた。その瞬間、別の動きで手を斬ってしまった。「危ない」ということにとらわれた故の怪我だった。

「白石君、やったな」

鷲尾先生はにやりと笑った。

僕の手からは血が流れ落ちていく。幸い大きな怪我ではなかったが、こうして僕は身をもって居合を体得している。

僕がヨット乗りであることを知っている鷲尾先生は、ヨットレースを譬《たと》えに出すこともある。ちょっとでも間違った動作をすると、すかさずこんな声が飛んでくる。

「今、セールが破れたな」

これは「脇が甘い」ということ。

「お前、今死んだな。早死《はやじに》したいのか？」

刀を握る手がほんの少し違っていたときはこう言われた。僕にはこんな先生の言葉がストンと腑《ふ》に落ちる。だから海の上を走っているときも、鷲尾先生の言葉を頭のなかで何度も何度も繰り返している。実際、鷲尾先生の教えでここまで命を保ててきたと僕は思っている。

天如水――水のように生きる

「天如水《てんじょすい》！」

僕が今いちばん好きな言葉であり、目標である。鷲尾先生の道場には、この言葉を書いた山本五十六の色紙が飾られている。その色紙を一目見たときからこの言葉が頭から離れない。

「水」に関連する言葉には、いい言葉が多い。「上善《じょうぜん》水の如し」は老子の言葉で、「上善」とはもっとも理想的な、水のような生き方のことだという。現代の言葉に訳すと次のようになる。

最高の生き方は水の如く生きることだ。
水は万物に恵みを与えながら決して争わず、人の嫌がる低いところに居る。
よって「道」にとても近い。
居るところは大地にしっかりと根を張るが善く、心は深くて静かが善く、
人付き合いは信頼が善く、言葉は言行一致が善く、政治は治まるのが善く、
事業はよく機能するのが善く、行動は善き間を掴むことである。
水のように争わないでおれば、間違いなど起こらないものだ。

また、以下の「水五訓」も古くから知られている。

一つ、自ら流動して他を動かしむるは水なり
一つ、障害にあいて、その勢力を百倍にするは水なり
一つ、己の進路を求め、止まざるは水なり
一つ、自ら潔くして他の汚れを洗い、清濁《せいだく》併せ容るるの器量をもつは水なり

一つ、洋々として大海を充たし、発しては蒸気となり雲となり降っては雨となり、変じては霰となり、凝っては玲瓏《れいろう》たる鏡となる。しかも、その性を失わざるは水なり

「天如水」は誰の言葉だかわからないし、その解釈が辞書に載っているわけでもないので、正確な意味は今もわからない。ただ、僕は5オーシャンズの航海日誌に、天如水のことをこう記している。


海に出ると地球を動かす大いなる存在を感じます。

この大いなる存在が私にとっての天です。

天の理を感じ取り、与えられた天命をまっとうし、地球と少しでも一体になること、それが私の理想です。

この理想に近づくための指針が「水の如《ごと》くあれ」です。水の如くあるとは、すなわち泰然《たいぜん》と、しなやかに。困難に向かっては強さと勢いを秘め、寛容で人を許す。

そんな水のような自分でありたいという思いをこめた言葉です。

今回の世界一周レースへの挑戦も、この自らの理想に近づくための修行の場であると

考えています。

大西洋にて

僕は普段の生活のなかではきわめて筆不精《ふでぶしょう》だが、沖に出ているときは自分の思いを素直に書ける。航海日誌に書いたように、三度目の世界一周レースは修行の旅でもあった。出港前、鷲尾先生から「水になれ」という宿題をいただいたのである。

「白石君、前回のレースは楽しかったか？」

一回目の単独世界一周レースのことを先生から聞かれ、「はい！」と答えたら先生はこう言われた。

「えっ、楽しかった？　それじゃあだめだ。『楽しい』というのは第三者の感覚だろう。そうじゃなく、お前自身が水になれ！」

敬愛する師匠からそう言われては、挑戦するしかない。それでレース中もつねに「水になる」というお題目を唱えることにした。

水を物理的な「H_2O」としかとらえない多くの西洋人にとって、「自らが水になる」という発想はわかりにくいことだろう。だが、多田さんの影響もあって東洋思想でヨットレースを戦っている僕にとって、自分が水になるという考えは難しいものではない。

そういえば多田さんは「天如水」の色紙を書いた山本五十六と同郷で、同じ学校の出身だ。多田さん、山本五十六、鷲尾先生……何だか不思議な糸で結ばれているみたいだ。良縁はやはり良縁を呼ぶのである。

第5章

成功体験より失敗から学ぶことのほうが大きい

うまくいかないときは「ゼロ」に戻す

今、欲を出していないか？　調子に乗っていないか？　消極的になっていないか？

単独世界一周レースのあいだ、僕は四六時中自分に問いかけている。予測不能な状態が当たり前の洋上では、常に自分をベストの状態に保たなければならない。とは言っても、やはりこれは至難の業である。

予想以上の二位で5オーシャンズの第一レグを終えたあと、「意外とイケるじゃないか」と周囲から期待され、船の整備も十分に行なって第二レグに挑んだ。オーストラリアのフリーマントルからアメリカ合衆国のノーフォークまで、一万四五〇〇マイル（二万六八五四キロ）を走るこのレースの最長区間だ。氷山が浮かぶ南氷洋や、速い海流と荒天が多いことから「船乗りの墓場」と呼ばれるホーン岬など、多くの難所も待ちかまえている。

「最初の一週間はプッシュしろ！」

コーチのジョシュにそう言われ、二〇〇七年一月一六日にフリーマントルを出港したが、

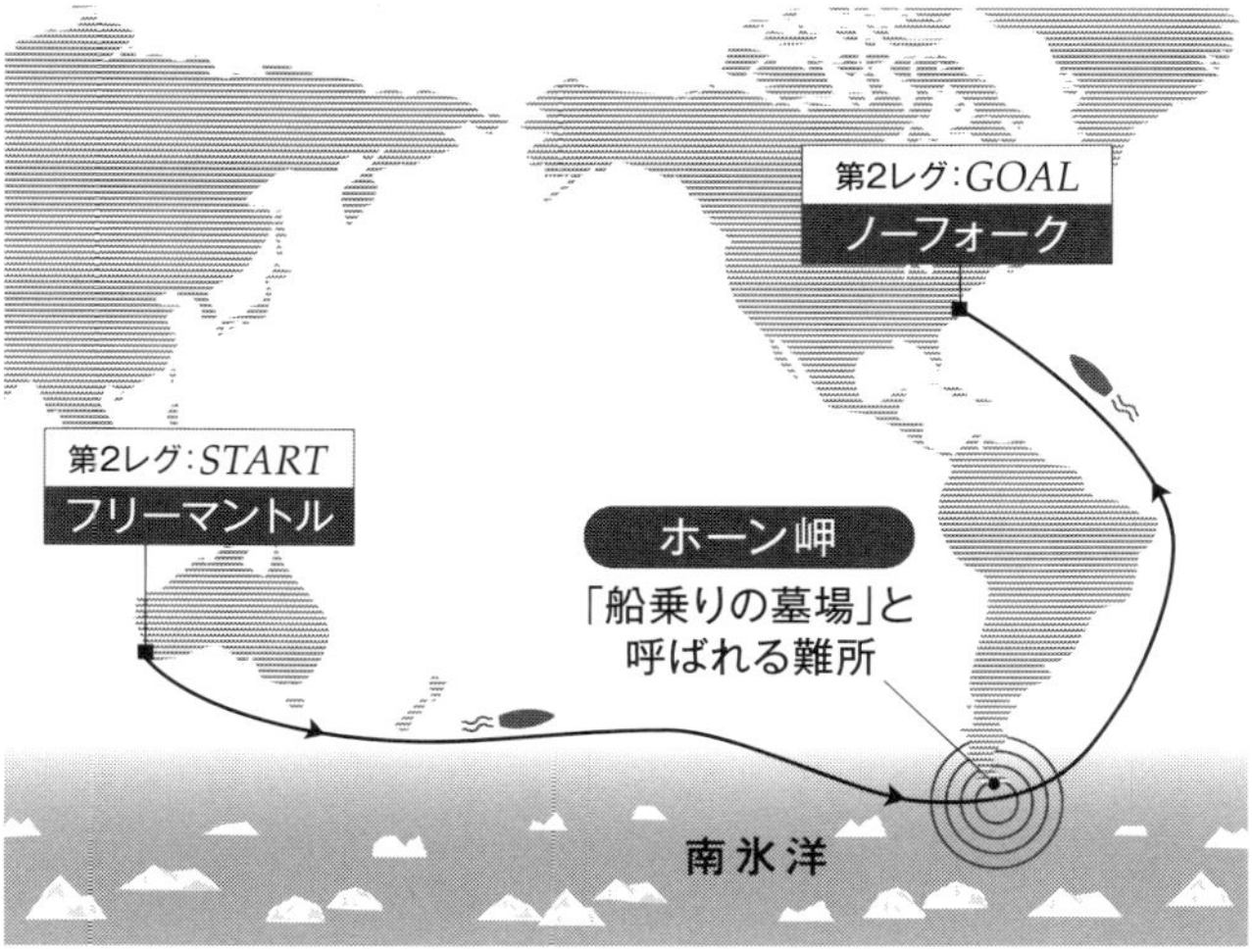

南氷洋航路を通る第二レグ

いきなりつまづいてしまった。第二レグのスタートまで一ヶ月近く陸地で過ごしたため、海に慣れていた身体が陸型に戻り、強烈な船酔いに襲われたのだ。船の揺れに身体がうまく対応できず、足首に軽い捻挫《ねんざ》を負った。

船酔いと捻挫の痛みは三～四日で収まってきたが、そこでブロック（滑車《かっしゃ》）が壊れた。四時間を費やして修理し、ほっと一息ついたところで、今度はオートパイロットの調子がおかしくなり、船を止めて対処する。

スタートから一週間、プッシュどころかもたついてしまい、早くも第一レグの優勝者バーナードに大きく遅れをとっている。そのあとも、第一レグで破れたＣ６セールが再び真っ二つに裂けるなどトラブルがつづき、バーナードとの差はますます開くばかりだ。

こんなとき、焦ると怪我をしやすい。必要なのは、自分を「ゼロ」の状態にすること。「空《くう》」の状態と言い換えてもいいし、コンピュータのリセットに譬《たと》えてもいい。コンピュータにたくさん仕事をさせすぎ、CPUで処理できなくなってフリーズしてしまった体験を持つ人は多いと思う。解決してやろう、と思い、ほかのプログラムを入れても、ますます動かなくなってしまう。動かなくなったときは、スイッチを切ってリセットするのがいちばんである。すべての計算をやめ、再起動すれば、CPUを一〇〇パーセント使うことができるのだ。

人間も同じ。やっかいな問題にぶつかったときは、考えることをいったん全部やめ、改めて立ち上げれば、今目の前にあるトラブルに対して全力で立ち向かえる。

試練に耐えていれば、自然はご褒美《ほうび》をくれる

スタートから一〇日余り我慢のレースをつづけてきたが、そのあいだに素晴らしい天体

ショーを楽しむこともできた。出港四日目、南氷洋では珍しく雲一つない晴天が広がった。そしてその翌日。この日の夜がすごかった。

夕陽が海に落ちたあと、南の空に彗星《すいせい》が現れる。絵に描いたような彗星で、真っ赤な星から空に大きく三角形の尾が伸びていた。

ユーコー号の上には天《あま》の川《がわ》が流れている。前には南十字星。降ってくるような星たちで、そのなかをときどき流れ星が舞い降りる。

もう一度南の空を見上げると、なんだか明るい。弧を描いて薄いカーテンのように、霞《かすみ》がかかっている。

オーロラだ！

怪しく緑色に光り、ときには二重に、ときには大きくゆらゆらと空を揺らしている。オーロラのカーテン越しに星が輝き、彗星もそのしっぽを輝かせている。

これほどの天体ショーを見るのは初めてだ。満天の星、天の川、南十字星、オーロラ、彗星……何よりすごいのは、これがすべて本物だということだ。ディズニーでもこれほどの演出はしないだろう。素晴らしい、の一言である。

僕は子供の頃、兄貴の影響で星が好きになった。将来は宇宙へ行きたいと本気で思っている。太陽風を利用した宇宙帆船で、太陽系一周レースに参加してみたい。僕の寿命ではちょっと足りないかもしれないが、いつかきっとそんなレースができると信じている。

ちなみに兄は、子供の頃からずっと星空に夢を追いつづけ、プラネタリウムのエンジニアになった。海路での世界一周を果たした僕だけでなく、兄も自分の気持ちを貫《つらぬ》いて夢を叶えたわけだ。そして僕らの父親は、子供の夢を決して邪魔しない人だった。

彗星の天体ショーは、朝の光に消されるまで一晩中つづいた。一月だが南半球は夏で、南極に近い場所だったため夜通し観察できたのだ。それにしても、あの彗星は何という名前なのだろう。

さっそく兄に衛星電話でたずねると、すぐに答えが返ってきた。流石《さすが》である。兄によれば、その彗星は、今、太陽の近くで輝く「マックノート（McNaught）彗星」だという。

電話には双子の姪《めい》っ子や甥《おい》っ子も出てくれた。子供たちの元気な声に勇気をもらう。スタートから試練がつづき、めげそうになっていた心に喝《かつ》が入った。人間には及びもつかない天のなせる技とその大きさに感動し、子供たちの純粋で小さな声に心が温められた。

アンパンマンのマーチは辛い日々の応援歌だ

出港から二週間経っても、ストレスを感じる走りがつづいていた。日付変更線を越える頃には風がなくなってきたが、気象予報によるとこのままどんどんなくなり、そのあと吹いてくる風は向かい風だという。外れることを願うばかりだ。

バーナードはすでに、僕の前に立ちはだかっている高気圧の東に抜けているので、今後も快調に進むだろう。このままではさらに離されてしまう。長い航海、何をやってもうまくいかないときがあるのは知っているが、どうしても気分はマイナス方向に振れそうになる。

こんなときは『アンパンマンのマーチ』を聞くと元気が出る。この歌は、単に子供が見るアニメの主題歌ではなく、人生観、死生観を歌っている。作詞は『アンパンマン』の原作者、やなせたかしさんだが、日本が戦争していた時代をくぐり抜けてきたやなせさんの歌詞には、人としての生き方が描かれている。人生は楽しいことばかりじゃないし、命あるものはみんないつか消えていく。それでも夢を持って精いっぱい前向きに生きていきなさい。そんなメッセージが込められた歌である。第二レグの航海中に、僕は『アンパンマンのマーチ』の白石流解釈をブログに発表したので、ここでも紹介しよう。僕の解釈では、アンパンマンは武士の心を持っている。

『アンパンマンのマーチ』

作詞：やなせたかし　作曲：三木たかし　編曲：大谷和夫

（歌詞）
そうだ　うれしいんだ
生きる　喜び
たとえ　胸の傷がいたんでも

なんのために　生まれて
なにをして生きるのか
こたえられないなんて

（白石解釈）
生まれてきたことに感謝しなさい
生きるということは、誰しも苦しいときもある
じっとこらえなさい

天命を知りなさい
生まれてきたことには、必ず意味がある
あなたには、あなたにしかできないことがある

そんなのは　いやだ！

今を生きる　ことで
熱い　こころ　燃える
だから　君は　いくんだ
ほほえんで

そうだ　うれしいんだ
生きる　よろこび
たとえ　胸の傷がいたんでも
ああ　アンパンマン
やさしい　君は
いけ！　みんなの夢　まもるため

なにが君の　しあわせ

それを知り、それを全うしなさい

過ぎた過去を悔んだり
まだ来ぬ未来を心配しないで、
今この瞬間に
全力を注ぎなさい

生まれてきたことに感謝しなさい
生きるということは、誰しも苦しいときもある
じっとこらえなさい
人にやさしくありなさい
自分だけではなく
皆の夢をまもるために全力を尽くしなさい

素直な気持ちになりなさい

なにをして　よろこぶ
わからないまま　おわる
そんなのは　いやだ！

わすれないで　夢を
こぼさないで　涙
だから　君は　とぶんだ
どこまでも

そうだ　おそれないで
みんなのために
愛と　勇気だけが　ともだちさ

ああ　アンパンマン
やさしい　君は

心をいつもきれいにしていれば
道端に咲いている一輪の花にも
幸せを感じられる

いつまでも夢や志をもちなさい
辛いことがあっても
泣いてばかりいないで
前を向いてあるきなさい

恐れるな！
今の私に頼れるものは、仲間を愛し、愛されている
という想い。前に進む勇気

人にやさしくありなさい
自分だけではなく

いけ！　みんなの夢　まもるため

時は　はやく　すぎる
光る星は　消える
だから　君は　いくんだ
ほほえんで

そうだ　うれしいんだ
生きる　よろこび
たとえ　どんな敵が　あいてでも

ああ　アンパンマン
やさしい　君は
行け！　みんなの夢　まもるため
（ＪＡＳＲＡＣ　出　１２０１０３８-２０１）

皆の夢をまもるため全力を尽くしなさい

諸行は無常である。世の中は、変化のなかにある
栄枯盛衰。春夏秋冬、永久不滅なものなどない
このことを知り、常に変化に対応し、
いい変化をもたらすようにしなさい

どんな敵が現れようとも、
まっすぐ前を向いて戦いなさい
逃げてはダメです

すべて、皆の夢をまもるためです

足止めをくらっても焦《あせ》ってはいけない

「第一レグをいい成績で走れたからといって海を甘く見るな。長く伸びたお前の鼻をへし折ってやる！」

第二レグは、天にいる誰かからこう言われているような展開に終始した。一位のバーナードと僕のあいだに高気圧がすっぽりと入り、しかもその高気圧はバーナードの進む方向へと進んでいった。つまりバーナードはうしろから高気圧に追われる形でぐんぐん進むが、僕のほうは行く手を高気圧に阻《はば》まれ、一向にスピードが上がらない。まったくアンラッキーとしか言いようがない！

思いきってもっと南へ下るコースをとれば高気圧から抜けだせるが、それはできない。5オーシャンズには、アイスゲート・ルールという規則が設けられている。南極に近づくと氷山にぶつかる危険が大きいため、参加者の安全を考えて「必ずここを通過しなければいけない」というゲートを二ヶ所設定しているのだ。もう少し詳しく言えば、東経一六〇

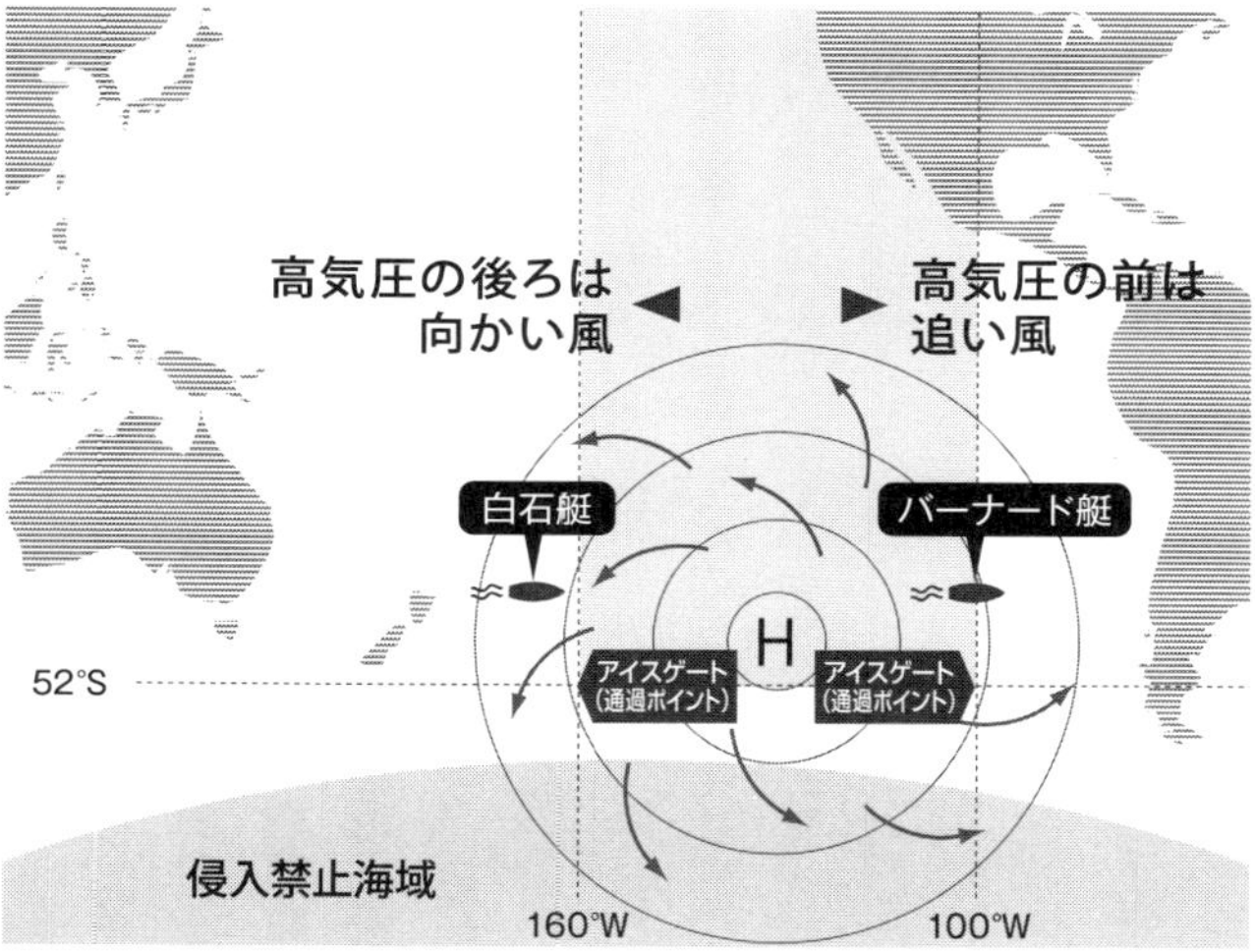

高気圧の前と後ろでは大違い

度〜一四五度、それと東経一一五度〜一〇〇度を通る時点で、必ず一度、南緯五二度より北まで上がらなければならない。

今回は、このアイスゲートの真上に高気圧が居座《いすわ》った。バーナードのシュミレ・プジョラ号は高気圧の前、僕のユーコー号が高気圧のうしろ、という位置関係は変えることができず、しかも差は開くばかりだ。結局この高気圧で、バーナードから遥《はる》かに離されてしまった。

ある日、とうとう風がまったくなくなった。風を頼りに進むセーラーにとっては辛い時間だ。船が走らないからといって、休めるわけでもない。海上は風がなくても、海にはたいていうねりが残っている。そのうねりによってセールは左右に大きく揺れ、船はなかなか安定しない。たまに吹く微妙な風に合わせて慎重に進まなくてはならない。とても神経を使う走りだ。自転車でゆっくり走っているとバランスを取るのが難しいが、ちょうどあんな感じ、と言えばわかっていただけるだろうか。

無風になると船内には「ピーッ、ピーッ」と警告音が鳴り響く。舵《かじ》が取れないので、オートパイロットがエラー音を出すのである。この音のほか、船内には「ジリジリジリジリジリッ……」という音も鳴り始める。これは船内に取りつけてある風向計の針の音だ。普段は波の音に消されて、まったく聞こえない。つまりこの音は「風がなくなった」というサインでもある。できれば聞きたくない。普通の生活で譬《たと》えるなら、夜布団《ふとん》に入ったときに、昼間は聞こえない時計の針の音が聞こえてくるようなものだ。いやな音が、今回はずっと鳴りつづけている。

レース主催者から送られてくるリーダーズボードを見ると、一緒にスタートしたはずのバーナードは僕より一〇〇〇マイルも先を走っている。これではレースにならない。

この状態をわかりやすく譬《たと》えるとしたら、僕が走っている車線は渋滞で一向に進まないのに、バーナードの車線はスイスイ走っているようなものだ。

まだ人間ができていない僕は、少しイラだちながらロンドンのトニーにメールで「風がなくなった」と連絡する。トニーからの返信にはこう書かれていた。

「それはいい知らせだ。高気圧の中心に入ったからだろう。これからはきっといい風がくるよ」

これを読んで、はたと気づかされた。「前向き」は僕の奥義だったはずなのに、トニーのほうがもっと前向きだ。それに僕より冷静な判断をしている。イライラしたりめげてる場合ではない。こんなときは自分の気持ちを整えるのが僕の仕事だ。天、水の如く。この言葉を忘れてはならない。

僕はバケツとスポンジを取り出して、船のビルジ（水垢《みずあか》）掃除を始めた。一心不乱に、ひたすら行なう。この作業はいつも僕を初心に帰してくれる。掃除のあとはデッキで軽く座禅をする。僕はまだ、座禅をすれば必ず「無」になれるわけではないが、この日は座禅で気持ちが少し落ち着いた。

次の困難に備えて体力を蓄える

気持ちを切り替えたり、自分を元気づけようとするとき、大盤振る舞いして美味しいものを食べることもある。船に積み込む食料に関してもスキッパーごとに個性が表れるが、僕は食事を楽しみたいタイプだ。お正月にはおもちを食べたいし、節分《せつぶん》には歳の数だけ豆を食べたい。

前回の世界一周レースは、キッチンつきの中古クルーザーで出場した。もちろん最初からキッチンつきを探したわけじゃない。レースを戦うためには少しでも船を軽くしたかったが、キッチンを取り払う改造費用が足りなかったのである。でも、そのおかげでパンケーキを焼いたり、デッキに上がった魚を煮込んだり、食事面ではほかのセーラーより充実していたと思う。出港前、出場者仲間から「もし遭難したら、美味《おい》しい食料をいっぱい積んでいるコージローの船に救出されたい」などと言われたものだ。

今回、5オーシャンズの第一レグでは、レトルトの塩焼きサンマに醤油《しょうゆ》をかけたサンマ丼がいちばんのご馳走だった。僕の師匠・多田さんが世界一周レースに出た時代と違い、ごはんはもちろん、パスタもカレーもおでんも海の上で食べられる。レトルト食品の種類が格段に増えているので、本当にありがたい。

出港直後からアンラッキーがつづいた第二レグでは、船酔いが収まったとたん豪華メニューを組んだ。出港地のフリーマントルには日本人が多く住んでいるため、日本食のレトルト食品がたくさん入手できたのだ。

自分を励ますため、豚丼に焼き鳥の缶詰、もう一つおまけにウナギの缶詰も食べちゃおう。しかし！　ウナギの缶詰は今どき珍しい旧タイプで、開けるには缶切りが必要だった。えっ、缶切りなんて積んでたかな？　船の中を探すが見つからない。唯一使えるのはアーミーナイフについているものだが、小さすぎて四角いウナギ缶は開けられなかった。結局、道具箱のなかからペンチまで取りだして、やっとの思いでこじ開けた。

やれやれだが、とても美味しかった！　美味しいものを手に入れようとすると、そこには必ず試練が待ち受けている。それを乗り越えて、初めて幸せに出会えるのだろう。どんなことにも必ず学びはあるものだ。

航海中の食事には、当然ながら体力維持の意味も含まれている。どんなに栄養豊富で美味しい食料を積んでいても、揺れがひどいときは食べられない。体調を崩せば栄養にもならない。長めのレグでは出港時より体重が一〇キロ近く落ちてしまう。だからスタート前に脂肪分が高い食事を取り、体重を増やしてレースに臨むことも大事な準備なのである。

いつかきっと良い風が吹く

無風と弱風つづきでリーフ（セールを小さくすること）の仕方も忘れそうになっていたとき、バーナードがマストに登ってセールカーを修理したというニュースが飛び込んできた。作業は無事に終わったと知って安心したが、さぞ大変だっただろうと思う。

僕も前回のレースでは、マストのてっぺんについている風向風速計を取り替えるため、荒れる南氷洋でマストに上がった。激しく揺れるマストに登っての作業は、想像以上に過酷である。

登るときも身体をマストから離さないようにしなければ、マストに叩きつけられてしまう。降りるときはさらに苛酷で、一〇センチずつしか下がれない。マストのてっぺんや途中で、スタック（動けなくなること）する危険もある。

このため、マストでの作業をするときは、登る時間、作業を終えてデッキに帰る時間を必ず大会本部に連絡するという規則が設けられている。もし上でスタックした場合、誰にも連絡ができないため、予想作業時間が過ぎても大会本部に連絡がない場合、誰かが助けに行くことになる。本部から現場の近くにいる船に救助を頼んでもらうのだが、それでも二、三日は待たなければならない。

もしバーナードがスタックしたら、遥《はる》かに遅れている僕が救助にいくまで何日かかることだろう？　それを考えると、ここまで遅れてバーナードに申し訳ない気がした。あまり差がつくと、レースの醍醐味が損なわれるだけでなく、安全の面でもよろしくないのである。

かといって、バーナードに速度を緩めてもらうわけにもいかず、僕が急に速く走れるわけでもない。バーナードがマスト作業をしたという報告を受けたとき、僕は湿った暖かい北風がもたらしたガスに包まれ、灰色の世界を漂っていた。レーダーに氷山の影はないが、一〇〇パーセントそれが正しいとは限らない。

こういうときはただ神に祈り、無事に通れることを信じて走るのみだ。神は私の船にいる。ユーコー号は、支援者の方々がくださったさまざまなお寺や神社のお札をいっぱい乗せているのだ。神様たち、どうかワッチ（見張り）を組んで、交代交代にご利益《りやく》をください！

フリーマントルを出港して一ヶ月が経った頃、ユーコー号は魔のホーン岬を無事に越え、大西洋に入った。我慢つづきの南氷洋航海だったが、氷山にぶつかることもなく、船に大きなダメージもなく越えられた。そのことに感謝するため、今まで取っておいた八海山を開けよう。

師匠の多田さんがこよなく愛していた酒である。開封したとたん、「オケラ五世の匂《にお》いだ！」という自分の声が、脳の奥深くで響きわたった。僕が多田さんに弟子入りした頃、一位で世界一周レースを終えた多田さんの船は、いつもこの匂いが漂っていたのだ。僕はタイムスリップしたように、多田さんと一緒にオケラ五世号に乗っている感覚に満たされた。ほんの一瞬だったが、不思議で、ちょっと温かい体験だった。

南氷洋越えに感謝を捧げた夜、海は荒れに荒れた。ところが翌朝、風はまたぴたりと止んでしまった。昨日とはまるで別世界。三度目の世界一周をしている僕でさえ、「こんなことってあり!?」と思う現象である。また改めて、自然の厳しさを感じた。

第二レグでのユーコー号は、風が極端に弱いか、信じられないほど強いか、いつもどちらかに当たっている。ちょうどいい風は、まだ吹いてこない。中道《ちゅうどう》がいちばんなのに、なかなかそれを体験できない。

それでもいつか、ぜったい良い風が吹いてくる。仲間と自分自身をとことん信じ、希望はぜったいになくさない。それは多田さんが僕に残してくれた、もっとも大切なことである。

過去や未来を案じるより、今日なすべきことを懸命にする

ホーン岬を過ぎてからは、強烈な向かい風に悩まされた。前回ここを通ったときは追い風であっという間に北上したが、今回は行きたい方向からの風がつづき、かなり苦戦を強いられている。

ホーン岬からフォークランドまでの海は、緑色をしているのが特徴だ。フォークランドを過ぎると、海はまた深い蒼色《あおいろ》に戻る。この美しい海を、日本の子供たちにも見せてあげたい。大きな船に子供たちをいっぱい乗せて、大海原に出たいものだ。

しかし、それをいつか実現させるためには、この航海を何とか乗り切らなければいけない。リオデジャネイロを越えるまで、僕の嫌いなパンチングにもずいぶん悩まされた。パンチングとはバウ(船首)の船底が波を激しく叩くことで、これが始まるとドッタン・バッタンという音とともに、デッキが波で洗われる。そのパンチングに加えて、強い向かい風と灼熱《しゃくねつ》地獄。まさに三重苦である。

ユーコー号は小型の発電機を持っていないため、でっかいエンジンを回さなければならず、船内は四〇度近くになる。しかもそのエンジンの上がチャートテーブルなので、真夏にコタツの上で作業をしているようなものだ。

外へ出れば容赦なく波がかかってくるので、デッキ作業をするときはカッパを着なければならない。一仕事終えるともう汗だくである。シャワーで汗を流すこともできない。ウェットティッシュで身体を拭くだけで精いっぱいだ。この揺れの激しさでは、まともに食事もとれない。予定航海時間をかなりオーバーしているため、もう水もふんだんにはない。

まるで逃げ場のないところでの我慢大会だ。こんなときは、少しでもゆとりを求めて本を読む。ある日読んだ本のしおりに、次の言葉が書かれていた。


「時を待つ心」

わるい時がすぎれば、よい時は必ず来る。

おしなべて、事を成す人は、必ず時の来るのを待つ。

あせらずあわてず、静かに時の来るのを待つ。

松下幸之助（『道をひらく』ＰＨＰ研究所）

まさに、今の僕に宛《あ》てて書かれたような言葉だ。それでもなかなか「時」は来ない。よし、こうなったらとっておきの本を出そう。

兵法の道においては、心のもち方は平常の心とかわってはならない。平常も、戦いの際も、少しも変ることなく、心をひろく、まっすぐにし、緊張しすぎることなく少しもたるむことなく、心が偏《かた》よらないように心をまん中に置き、心を流動自在な状態にたもち、その流れが、一瞬も止まらぬように、よくよく注意しなければならない。

動作が静かな時にも心は静止せず、動作がはげしく動くときにも心を平静に保ち、心が動作に引きずられることなく、動作が心にとらわれることなく、心のもち方にはよくよく気をくばり、動作に気をとらわれぬようにする。心は充実させ、また余計なところに心をとらわれぬようにする。外見は弱くとも、本心は強く、本心を他人に見ぬかれないようにする。

身体の小さい者は、大きい身体をもつ者の状態をよく知り、身体の大きいものは、小さい身体をもつ者の状態をよく知って、大身も小身も心をまっすぐにして、自分自身をひいき目に見ないように心をもつことが大切である。

心のうちがにごらず、ひろやかな心で、とらわれないところからものごとを考えねばならない。知恵も、心も、ひたすらみがくことが大切である。

『五輪書』全訳注・鎌田茂雄（講談社学術文庫）

僕のカバンにいつも入っている、宮本武蔵の『五輪書』水之巻である。師匠を持たず、すべて真剣勝負の現場で学んだ武蔵に、僕はよく学んでいる。とくにこのくだりを読むと、いつも心が潤う。あと二〜三〇年したらこの境地になりたい。

そのためには今、何をなすべきか。それはお釈迦様が教えてくれた。

過ぎた過去、まだ来ぬ未来を案ずるな。

その日、成すべき事を懸命になさい。

小さな日々の積み重ねが、大きな夢の現実につながっていくのだと、また改めて感ずる。パンチング、灼熱地獄、向かい風の三重苦も、今僕が体験すべき試練なのだろう。

ユーコー号に待望の風が吹き始めた頃、バーナードがゴールしたという知らせが入った。

大会関係者の予想を六日も上回ってのフィニッシュはさすがである。

その翌日、三月八日は我が師匠、多田さんの命日だ。僕は多田さんが果たせなかったクラスＩレースに今こうして参加しているが、天才・多田雄幸に比べればまだまだひよっこである。これからも師匠に教わったように、周りに惑わされず、自分のアイデンティティをしっかり持って、レースを、そして人生を楽しもう。

「おめえさん、そんなこといいから、一杯やろうや」

師匠の声が聞こえたような気がした。

一位になれないとわかっても全力を尽くす

二〇〇七年三月一八日、バーナードに遅れること二週間、ノーフォークに二位でフィニッシュした。バーナードは笑顔で迎えてくれたが、そのあとこう言った。

「コージロー、高気圧が来たとき、何でもっと頑張って前に出なかったんだ。レースにならなかったじゃないか」

そう、バーナードの言う通りだ。スタートから飛ばし、風に恵まれたバーナードはラッキーだったが、それだけじゃない。彼は運を手に入れられる実力の持ち主なのだ。僕はどうだろう？　単に運がなかっただけだろうか？　いや、高気圧が広がる前、早めに決断して何か手を打つべきだった。バーナードも、それを僕に言っているのだ。あそこが勝負のポイントだったから、お前はあのとき全力を尽くすべきだった――バーナードは僕にこう言いたかったのだ。

「そうだな、お前の言う通りだよ。申し訳なかった」

僕は素直にあやまった。決断して頑張っても、結果はそう変わらなかったかもしれない。でも、そこで踏ん張るか踏ん張れないかでは大きく違う。僕は深く反省した。この教訓を次のレグで生かさなければ！

第三レグはノーフォークからビルバオまで、三九一〇マイル（七二四一キロ）の大西洋横断。いちばん短いレグで、僕らにとっては短距離レースのようなものだ。初日から悪夢のようなパンチングに襲われたが、第二レグの反省を踏まえ、ユーコー号は好スタートを切った。

ビスケ湾に入り、岸ぎりぎりのコースを取ったバーナードに対し、沖へ船を出した僕の

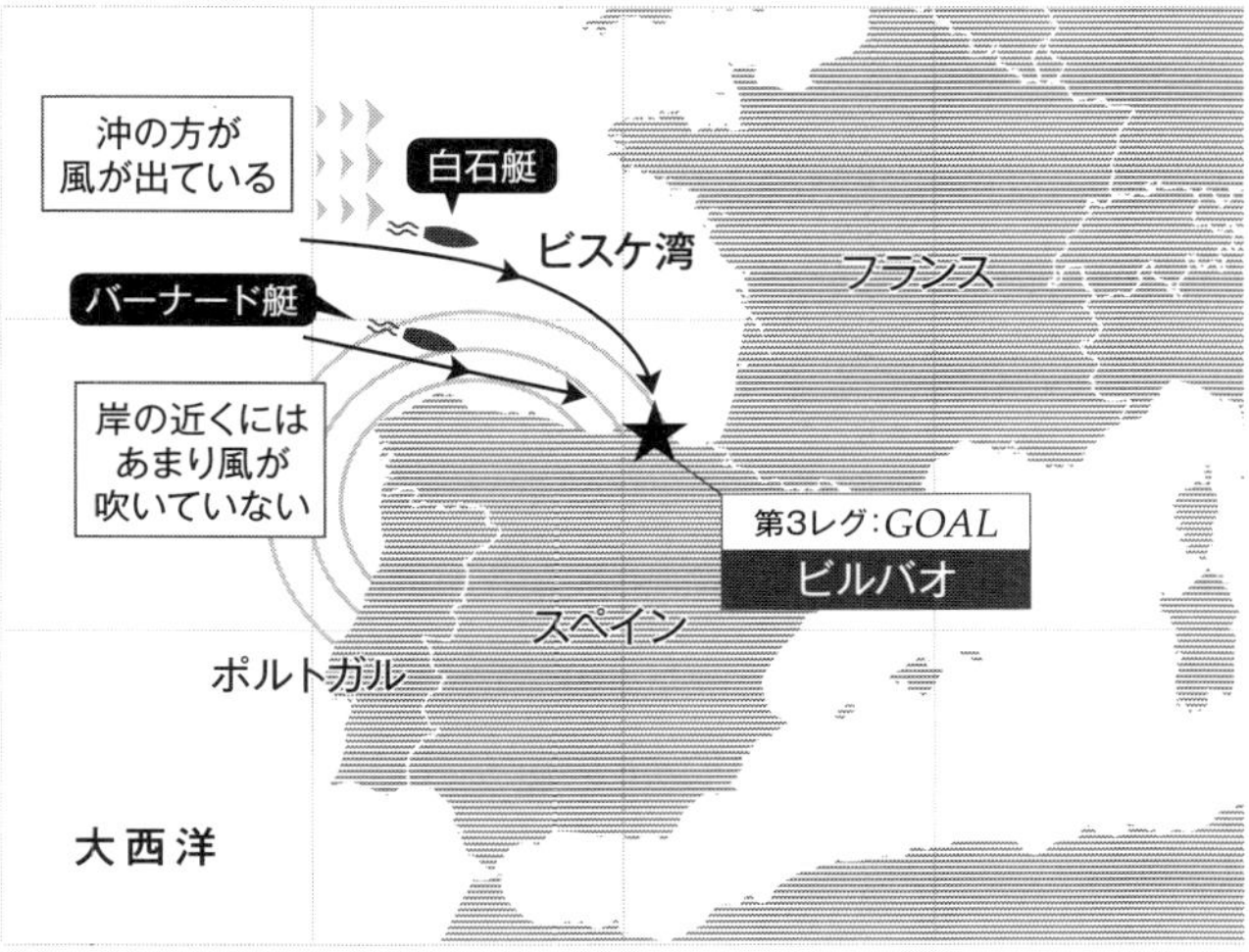

第三レグはゴール前で接戦に

勘が当たったのだ。コンピュータは「岸の近くを走れ」という答えをはじき出したが、僕は「沖のほうが速い」と思った。このレースの前、フランスのシェルブールからビルバオまで船を回航したとき、岸の近くにはあまり風がなかった。その経験から「ふくらませて走ったほうが速そうだ」と判断したのである。「いままでよく頑張ってくれた。あと一週間、ともに頑張ろう！」

セールやマストにも次々声をかける。僕にとってはユーコー号もセールやマストやキールなど一つひとつの部品も、同じ夢を追いかけて苦楽をともにした仲間なのだ。僕が声をかけたとき、ユーコー号が笑ったような気がした。

ゴールが近づく頃、僕にはバーナードの船がはっきり見えていた。平均スピードは僕のほうが速い！　すると、先行していたバーナードのシュミレ・プジョラ号が沖から回ってきた僕のユーコー号に近寄って来た。「カバー」という戦術である。

近づいて走れば、二艇とも同じ風を受ける。こうなると、性能で優れたバーナードの船に僕は勝てない。もし違う風の条件で走れば、ユーコー号がシュミレ・プジョラ号を抜き去ることもできるのだが。

僕たちは一一二日間大西洋を走って、四三分差でフィニッシュした。先に入ったのはバーナードだったが、僕は大いに満足だった。名セーラーのバーナードにカバーされた、ということがうれしかったのである。

第一レグから第三レグまでの総合順位で言えば、バーナードが圧倒的な差をつけて優勝した。僕は二週間遅れの二位だったが、初参加のクラスⅠでバーナードに次ぐ位置で終われたのは身に余る光栄だ。

第二レグが終わった時点でバーナードの優勝はほぼ確定していたが、僕もバーナードも最後まで全力を尽くして戦った。バーナードは人間的にもいい男だが、このレースで僕たちの友情はさらに深まった。これもこのレースの魅力の一つだ。

ゴール地点のビルバオで、僕は四〇歳を迎えた。これでもレーシング仲間からは「ヤングセーラー」と呼ばれている。技術や経験、人間性、すべてが問われる世界一周レースは、若過ぎても歳をとり過ぎても勝てない。レーサーとしては四〇代がいちばん脂《あぶら》の乗る時期だ。これで三度地球を一人で回ったことになるが、本当に優れたレーサーになるのはこれからだ。

「水になりきる」という今回の目標にも、到達したとは言いがたい。でも、いい修行になった。これからも修行を重ねながら、ヨットで学んだことを子供たちに伝えていきたい。

第６章

生意気でもまっすぐ生きる

若いうちは生意気でもいい

ヨットで世界一周をしているうち、子供や若い人たちと触れ合う機会が増えてきた。ヨットレースを戦いながら日本の小学生や中学生と交信したり、帆船を使って海上で泊りがけの訓練をする「冒険授業」、フリースクールや児童養護施設訪問など、これまでたくさんの交流機会を与えていただいた。

関わる子供たちの年齢や生活環境はそのつど異なるが、僕が伝えたいことは常に一貫している。

「若いうちは生意気でもいい。素直にまっすぐぶつかっていけ！」

これに尽きる。もちろん礼儀を覚えることは大切だが、子供のうちから必要以上に頭を下げることはない。稲穂にしたって、実るほど頭を垂れていくが、生育期はまっすぐ頭を上げて、太陽の光をいっぱい浴びている。

だからどんどん進んで、いくつも壁に当たればいい。僕自身、若い頃は生意気で、頑張らないヤツを見ると腹が立ってしょうがなかった。こういうタイプはそこかしこで壁にぶつかり、そのたびに鼻をへし折られる。僕の鼻は何度もポキポキと折られ、そのたびに痛い思いをしながら人とのつき合い方や考え方を学んできた。

「白石君、若いときはどうだった？」

三〇歳を過ぎた頃、ある人にこう聞かれ、「ものすごくとんがってました」と答えると、その人はこう言ってくれた。

「それでいい。とんがればとんがった分、大人になって丸くなったとき大きな丸になる」

とてもいい言葉だと思う。小さいうちから「あれをしちゃだめ、これもしちゃだめ」と言われたら、子供は委縮してしまう。これでは大人になったとき、小さな丸にしかならない。

子供の行動を規制するのは「しつけのため」、あるいは「子供を危険な目にあわせないため」という大人もいるかもしれない。でも、人生には危険がつきものだ。僕のようにヨットで世界一周に出かけなくても、社会にも、学校にだって危険は潜《ひそ》んでいる。そばにいるあいだは子供を守れても、やがて子供は一人で自分の人生を歩んでいく。ならば過剰に守るより、どんな危険や困難に遭遇してもうまく対処できるよう、少しずつ精神の筋力をつけてあげるほうがいい。

生意気だった僕も、大人になって一人で生きていける力がついたとき、僕を叱《しか》ってくれた人や失敗を許してくれた人たちに深く感謝する気持ちが生まれた。でも残念ながら、師匠の多田さんはもうこの世にいない。多田さんは子供たちが大好きで、子供たちからも人気があった。僕が今、自分の体験を子供たちに伝えているのは、師匠への恩返しでもある。

同じ失敗は三度繰り返してもいい

今の社会には寛容さが欠けている。誰かがちょっとでも失敗や失言をすると、いっせいに叩いてつぶしてしまう。メディアが率先して、重箱の隅《すみ》をつつくように著名人のあら探しをしているようで、まったくいやな世の中になったものだ。

ある村を旅人が通りかかると、村人が寄ってたかって一人の女の人を叩いていた。理由をたずねると、「この女が悪いことをしたので、みんなで懲《こ》らしめている」という。旅人はやめるように説得するが、村人は耳をかさない。そこで旅人はこう言った。

「そうか、じゃあ叩きなさい。その代わり、今まで一度も悪いことをしたことのない人が叩きなさい」

そう言われてみんなはハッとし、女の人を叩くのをやめた——。

この話は古今東西どこでも通用すると思う。僕だって若い頃は失敗もしたし、不用意な発言もした。言葉で人を傷つけてしまったこともある。それでも一昔前の社会には、「一度や二度の失敗は誰にでもある」と受け止めてくれる大らかさがあった。つまづいた若者を見捨てずに育てる土壌があった。

たとえば僕は、最初のヨット単独世界一周に二回失敗している。二度とも出港後間もなく船がトラブルを起こし、小笠原沖から引き返してきた。この航海は自分自身の夢を叶えるためのものだったが、船にはいろいろな面から僕をサポートしてくれた人の思いも乗せていた。だから僕には、自分の夢が破れたことよりも、恩を受けた人に顔向けができないとの思いが強かった。とくに二回目のときは、港に引き返すくらいなら海のなかに消えてしまいたい、という気持ちに駆られた。

しかし僕は、周囲の立派な大人たちに救われたのである。引き返そうかどうしようか迷い、無線で何人かに相談すると、それぞれの言葉で叱咤《しった》やアドバイスをくれた。どの言葉もありがたかった。なかでも、僕が「お母さん」と呼んでいる植村公子さんの言葉は忘れられない。船のトラブルを話すと、公子さんはこう言ったのだ。

「コーちゃん、辛いね」

つづいて公子さんは、夫の植村直己さんが隊長としてエベレストに挑んだとき、隊員を一人亡くした話をしてくれた。

「その人のご家族にお詫びをしたとき、私もすごく辛かった。失敗は辛いわよね」

この言葉には、本当に救われた。でも港に引き返した僕は、「こんなに一生懸命やったのに」としか考えず、失敗の原因がわからなかった。自分のすべてをかけて、命を懸《か》けてここまでやってきた。僕にもそれなりの自信があった。それなのに、何度やっても失敗してしまう。なぜなんだろう。そんな思いをつい居候先の岡村さんにぶつけると、岡村さんはぽつりとこう言った。

「コーちゃんは、船のお尻を叩きながら走っているようだなあ……」

これでやっと目が覚めた。僕の心のなかには、「早く一周してかっこよくゴールしよう」という野心があったことに、気づいたのである。岡村さんは、「自分が命を託《たく》す船をもっと大事に扱わなければいけないよ」ということを、柔らかい表現で僕に示してくれたのだ。

二度目の失敗のあと、何も言わずに額《がく》を手渡してくれた人もいる。そこにはゲーテの言葉が書かれていた。

大切なことは　大志を抱き
それを成し遂げる　技能と忍耐とを　持つことである
その他は何れも　重要ではない

この言葉にもずいぶん助けられた。そのときの僕は、支援してくれた人にどう詫びたらいいかばかり考えて、未来へつづく道が見えなくなっていた。多分そんな僕の気持ちを見抜いて、この言葉を贈ってくれたのだろう。おかげでそれ以来、僕はどんなことがあってもずっと前を向いていられるようになった。

失敗にはたくさんの教えがある。失敗したときの挫折《ざせつ》感や人との摩擦を恐れ、チャレンジをしないまま大人になると、取り返しのつかない過《あやま》ちを犯してしまう気がする。失敗は若者の特権だ。許してくれる大人は今もきっといる。もし出会えなかったら、自分がそういう大人になればいい。

一回目の失敗は学び、二回目は教訓、三回目は警告で、四度目はない。人生、勝つときも負けるときもある。でも、負けるなら戦って負けたほうが強くなれる。

子供には巨大な金棒《かなぼう》を持たせない

社会がどんなに変化しようと、子供の心は基本的に変わっていないと僕は思っている。

ただ、今の子供たちは情報量がものすごく多い。ある中学校の先生に聞いた話だが、生徒に調べ物の課題を出すと、翌日分厚いレポートを持ってくるという。インターネットで調べ、コピー&ペーストしただけである。

たしかにインターネットは素晴らしい側面もあるが、そこに載せられた情報がすべて正しいとは限らない。万が一正しい情報だとしても、知識や分析力に乏《とぼ》しい子供たちを頭でっかちにさせるだけで身にならない。今のこんな現象を指して、ある企業の人はこう言っていた。

「最近の子供たちは、自分が扱えないほど巨大な金棒《かなぼう》を持たされている」

金棒は鬼が持ったらこのうえない武器だろうが、非力な子供たちが持って振り回せば、自分自身を傷つける凶器になってしまう。コントロールできないのである。子供には金棒など必要ない。友だちと仲良くしたりけんかしたりしながら思い切り遊んでいるだけで、肉体の筋力も精神の筋力も自然と発達する。

「うちの子はゲームばっかりしている」

子供にゲームを与えたのも大人である。しかもそのゲームは、優秀な大人たちが何ヶ月も何年もかけて開発したものだ。これが面白くないわけがない。僕が今どきの子供だったら、やっぱりゲームの虜《とりこ》になっていたかもしれない。

しかし、やはりヴァーチャルのゲームは怖い。架空の世界でどんなに強くなっても、現実の社会ではまったくそれが通用しないからだ。人とのつき合いもヴァーチャル空間での体験しかなければ、嫌なこと、嫌な人から逃げる人間になってしまう。メールに書かれた文字で傷つき、それが自殺の引き金になる痛ましい現実もある。

モノや食料に乏しかった時代の子供は、自分たちで遊び道具を工夫し、遊びやルールもつくりだしてきた。子供の頃おもちゃ類をまったく買ってもらえなかった僕は、仮面ライダーベルトがないために、仲間と遊ぶときショッカーの役しかやれなかった。しゃべれないショッカー役は辛かったが、誰かがその役をしなければみんなで遊べない。

僕は辛さのなかで遊びのルールや社会の仕組みを学んでいった。何も持たずに仲間と一緒にいること自体が、大人として社会に出ていくためのトレーニングになったのだ。ところが何もかも親から与えられた今の子供たちは、何もないところから考えていくことが苦手になってしまっている。昔の子供に比べて、身体も精神もトレーニングが足りない。だから僕は、ヨットに乗せて海へ行ったり、日常から離れた自然のなかで、子供たちを昔のように遊ばせる環境をつくってあげたいと思っている。

昨今、「生きる力」が教育現場で話題になる。子供たちにどう生きる力を与えるか。そもそも、その考え方が違うのである。「生きる力」は、与えないことから生まれるのである。与えていいのは大きな愛情と、試練である。何もないところから創意工夫し、身をもって生まれてくるのが本当の生きる力なのだ。

ヴァーチャルより「本物」を体験しよう

僕は二〇〇八年から『小学生のための世界自然遺産プロジェクト』(ユネスコ・キッズ)

のプロジェクト・リーダーとして、小学生の子供たちと一緒に旅をしている。読売新聞社とユネスコが主催し、ＮＴＴドコモがサポートするこのプロジェクトは、本物の自然に触れながら自然の大切さを知り、いろいろなことを学んでいくもので、これまで知床《しれとこ》、白神《しらかみ》山地《さんち》、屋久島《やくしま》を訪れた。

その土地特有の自然など教科書的なことは、専門家が子供たちに説明してくれる。僕の役割は自然の植物や動物に触ったり、匂いを嗅《か》いだりする体験を、できるだけ多くさせてあげることと、そこで僕が感じたことを伝えることだ。

子供たちには、理屈ではなく体験から自然を好きになってほしい。人間、好きになったものはいじめないし、失礼なことはしない。自然は素晴らしい。そう実感すれば、自然を「守る」方法として囲いをつくり、「立入禁止」にしたりしないだろう。自然の中に入り、自然と触れ合いながら大事にしてくれるはずだ。そう信じて、僕はこのプロジェクトに関わっている。

台風の去ったばかりの日に訪ねた屋久島では、屋久杉の大木《たいぼく》が倒れていたのでこんな話をした。

「強風で木が倒れると『自然災害』と言われるけれど、これは決して悲しいだけの現象じゃないんだ。この大きな木が倒れたことで、今まで陽が当たらなかった場所に陽が当たるようになった。そこには必ず新しい杉の芽が出て、大きく育っていく。こうやって世代交代していくんだよ」

巨大なブナの森がつづく白神山地では、役に立たないものはないという話をした。

「ブナ（橅）の漢字は木偏に無いと書く。この木は曲がるし腐《くさ》るし、人間にとって役に立たないという意味でこの字が当てられた。家や家具をつくるのには適していないからそのまま切られずに育って、こんな大きな森になったんだ。役に立たないと思われた木だから、かえって長生きできた。『まっすぐ立った木はすぐ切られるが、曲がった木は寿命をまっとうできる』中国の老子という人もそんなことを言ってる」

白神山地には十二湖というきれいな湖があるので、そこでも話をした。

「この湖、何でこんなにきれいなのかわかるか？　内側からきれいな水が湧《わ》いているんだ。だから雨が降っても濁《にご》らないで、いつも澄んでいる。人間も同じだよ。内側からのきれいな水が止まると、あっという間に周りから泥水が入るぞ。君たちも泥水に染まるな。内側からきれいな水を出しつづけろ」

そう言ったら、後ろで聞いていた大人のスタッフがいっせいに下を向いてしまった。「この話、もっと早く聞いておけばよかった」なんていう声も、大人のあいだから聞こえてきた。

多分、僕の話は小学生の子供たちには、まだ難しいかもしれない。でも、今すぐ理解できなくてもいい。僕も若い頃、「ヨットの練習をするより二年間座禅をしろ」と師匠の多田さんに言われていたが、その意味はずっとあとで理解した。

大人が真剣に話せば、子供たちはきっと覚えていてくれる。一〇年ぐらい経ったとき、その意味を理解してくれればいい。

知床の自然遺産は、エゾシカの害に悩まされていた。その昔、人間の家畜をたべてしまうオオカミを絶滅させてしまった。そのためエゾシカには今では天敵がいない。一時絶滅の恐れが出てきたため一転保護政策を行なったところ、またたく間に増えてしまったのである。

エゾシカは冬になると木の皮をくるりと食べてしまうことがあり、知床の木を枯《か》らす。樹木は真ん中部分が死ぬと外側に新しい皮ができることを繰り返し、年輪ができていく。つまり今立っている木はいちばん外側の皮一枚で生きているので、木の皮を一周食べられてしまうと水が吸い上げられなくなって枯れてしまうのだ。

知床ではエゾシカの害が広がるのを避けるため、木の周りをフェンスで囲ってある。フェンスの内側には下草が青々と茂っているが、エゾシカが歩きまわるフェンスの外は芝刈り機で刈ったように草がなくなっている。エゾシカの食欲、恐るべし！

「君たち、エゾシカってかわいいだろ？　これを銃で撃って殺せるか？」

子供たちにこう聞くと、いっせいに「え〜っ、殺せな〜い！」の声。

「じゃあ、この木が全部枯れてもいいのか？　どうする？」

さらに問い詰めると、みんな考え込んでいる。

「そう、よ〜く考えればいい。今は答えが出せなくても、大人になったときこの問題をもう一度ちゃんと考えなさい」

答えを教えるのではなく、実際の現場で起こっている現象について考えることを教える。これもユネスコ・キッズで僕が大切にしていることの一つだ。

大自然のなかでも、今の子供たちはやはりおとなしい。このプロジェクトで子供たちと沖縄に行ったとき、ジャングルジムのように枝が伸びているガジュマルの木を見て、真っ先に登ったのは僕だった。子供たちは誰もあとにつづいてこない。

「登りたいと思わない？」

上から聞くと、「登ってもいいんですか?」と逆に聞かれた。僕らの子供時代は衝動《しょうどう》で動いていたが、今の子供はいいか悪いかをまず考える。その結果、たいてい無難なほうを選ぶので、行動は著しく制限されてしまう。

でも、今どきの子供たちも、一度気持ちが開放されれば、木に登ったり、沢や磯《いそ》で虫を採ることに熱中する。自然のなかでゲームを取り出す子など一人もいない。やっぱり子供は変わっていないのだ。

津波に巻き込まれたときの対処法

子供たちと一緒にいるとき、「津波」について話したことがある。三月一一日にやってきた津波は世界に衝撃を与えた。海に生きる者として、そして海の厳しさを知る者として、被害にあわれた皆様方の状況は察するに余りある。心からお見舞いを申しあげます。

僕は世界の海で、多くの波やうねりを見てきた。南氷洋では三〇メートルを超す三角波も見た。アドベンチャーレースで川の激流をゴムボートで下るラフティングに挑んだた

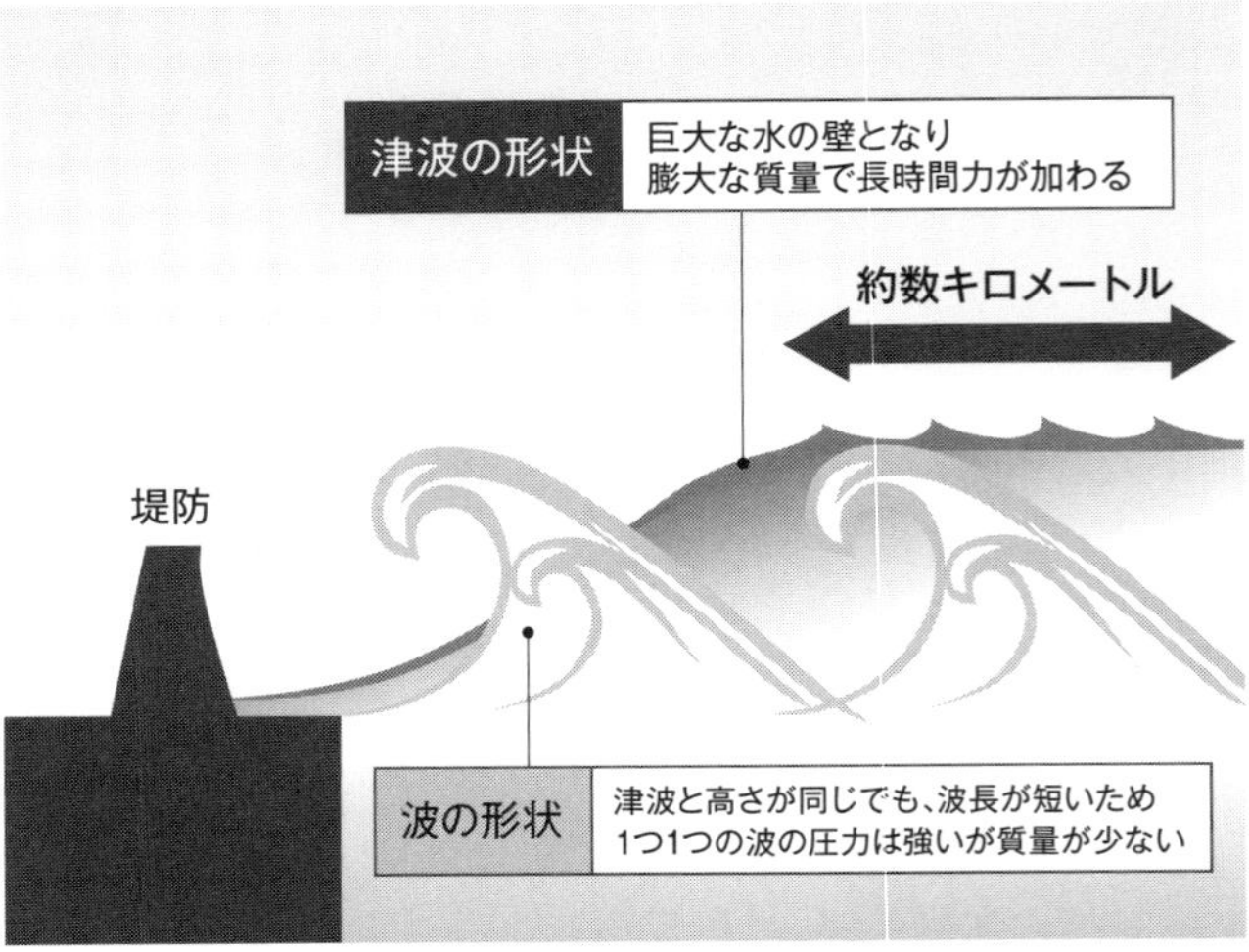
津波の形状
巨大な水の壁となり
膨大な質量で長時間力が加わる
約数キロメートル
堤防
波の形状
津波と高さが同じでも、波長が短いため
1つ1つの波の圧力は強いが質量が少ない
津波には波がない

め、その訓練も重ねた。それらの経験と、僕の友人でラフティング世界チャンピオンの浅野重人君の意見も参考にして、津波の対処法について僕なりの考えをここで紹介したい。

日本中の人が津波の映像をご覧になっただろうが、まだ津波について誤解があるようだ。たとえば「一〇メートルの津波」と聞くと、先端が一〇メートル盛り上がった波を想像する人が多い。白い大きな壁が立ちはだかり、次々と船をなぎ倒してやってくる――。もし津波がこうした形で向かって来れば、すぐに気がつき、みんな必死で逃げただろう。ところがやっかいなことに、津波はとても気づきにくいのだ。

一〇メートルの津波とは、数キロにわたって

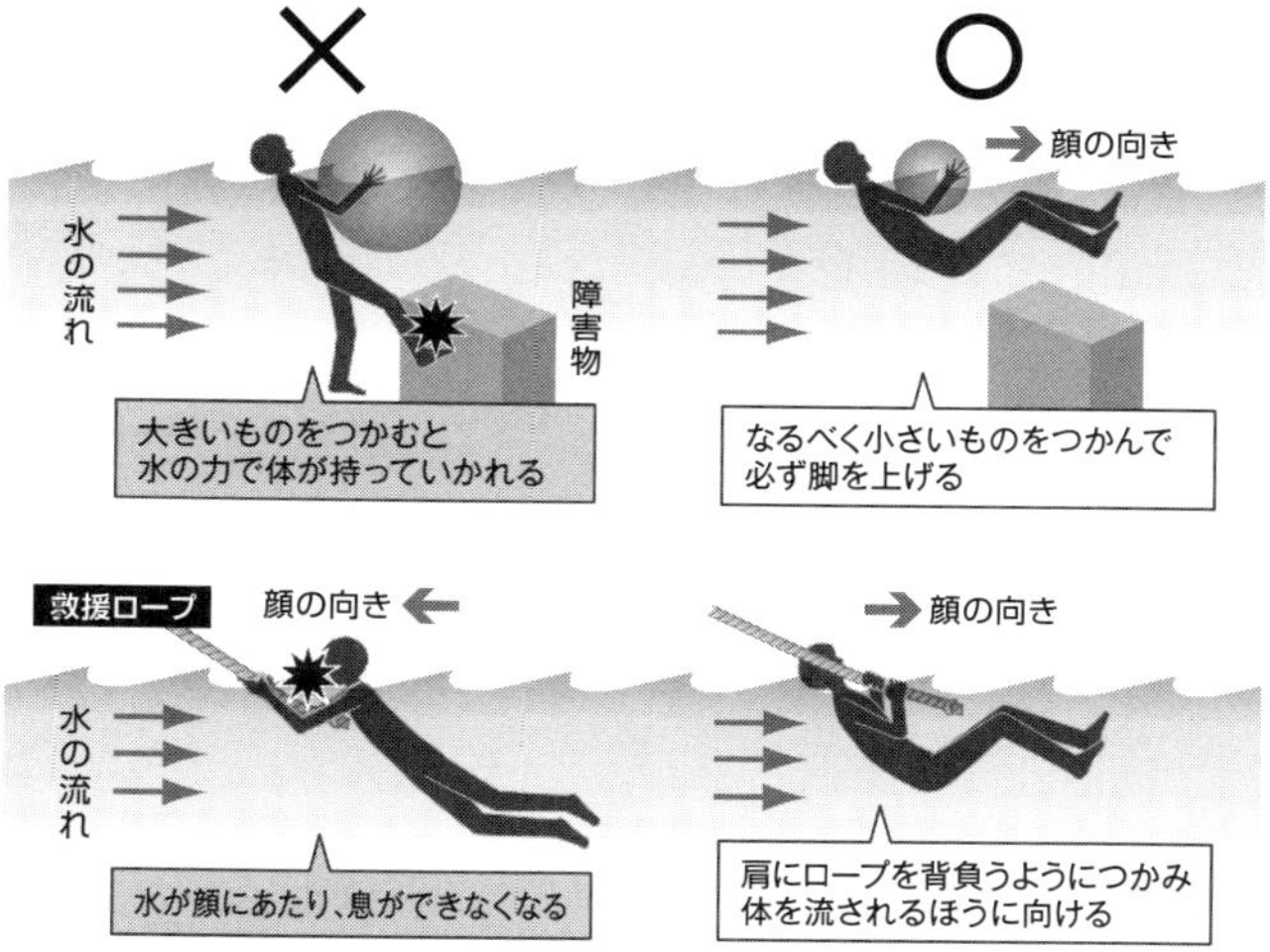
×
○
水の流れ
障害物
大きいものをつかむと
水の力で体が持っていかれる
顔の向き
なるべく小さいものをつかんで
必ず脚を上げる
救援ロープ
顔の向き
水の流れ
水が顔にあたり、息ができなくなる
顔の向き
肩にロープを背負うようにつかみ
体を流されるほうに向ける

水に流されるときに取るべき姿勢

平面状に一〇メートル盛り上がった海面が押し寄せる現象である。つまり、津波には波がないのだ。湾の堤防を越すときも、高い波のようにがんと越えるのではなく、ジュルジュルジュルッとお風呂からお湯があふれるように越えていく。津波は、足元から来るのである。

海面は上昇しても穏やかで、船も激しく揺れない。実際はかなりの速度で陸に迫ってくるのに、速さも圧倒的な質量もわかりづらい。怖さが実感しにくいため、逃げ遅れやすいのだ。とくに港内の津波は厄介である。岸壁を超えたときから家を次々となぎ倒し、車やトラックを軽々と流し、この時点で初めて目に見えて津波の恐ろしさが伝わってくる。

もし津波に飲み込まれたらどうすればいいのか。まず大事なのは、流される方向を見ることだ。つまり波を背中に受けながら流される。これが基本姿勢だ。次に、浮いている小さなものを見つけてつかまること。大きいものをつかむと、水の力でものが翻弄《ほんろう》され、体がもっていかれる。

ラフティングの訓練では、ヘルメットをかぶって川の激流に飛び込む。人間は顔さえ水の上に出ていれば呼吸できるが、水深が三〇センチの場所でも死ぬことがある。足が何かに絡むと、水が顔の上を流れて溺れる可能性があるのだ。だから水に流されるときは、必ず脚を上げる。水の力で体の向きが変わりそうになっても、常に流されていく方角に顔が向くようコントロールしながら、息は止めずに流れにまかせる。端《はし》に流れ着くか、固定したものをつかめれば、助かる可能性は大きくなる。救助のロープをつかんだときは、肩にロープを背負う感じで体を回転させ、やはり流されていくほうに顔を向ける。

もちろん津波の可能性を少しでも感じたら逃げることが最良の策だが、万が一のことを考えて、流され方をぜひ覚えておいてほしい。川で実際に訓練できる人は少ないが、頭で繰り返しシミュレーションするだけでも違うはずだ。

津波は凹形の地形により多くの水が押し寄せる。僕が育った鎌倉は典型的な凹形地形で、過去数回津波に襲われた。鎌倉の巨大な大仏さんは、建屋が津波で流されたため今は外にいるのだ。結婚してから女房に何度かこの話をしたが、彼女はあまりピンとこなかったようで、三月一一日の地震で「初めて津波の怖さを実感した」と言っていた。

ことが起こってからでは遅い。場所によっては「津波サバイバル訓練」も必要ではないだろうか。日本に住む以上、津波、地震、台風、火山の噴火を避けることはできない。いついかなるときに起きても冷静に対処できるよう、日頃の訓練と心の持ちようが大切になってくる。有事には、平時のトレーニング以上のことはできないものである。

自分をこの世に送ってくれた先祖に感謝する

子供たちと自然遺産を訪ねたり一緒に船に乗る活動は、僕のできる社会貢献であり、ライフワークでもあり、恩返しでもある。こうした機会を利用して、子供たちには先祖を敬《うやま》う気持ちを伝えている。

現代に暮らす人たちは、どの年代の人も「今」の時代しか考えていないのではないだろ

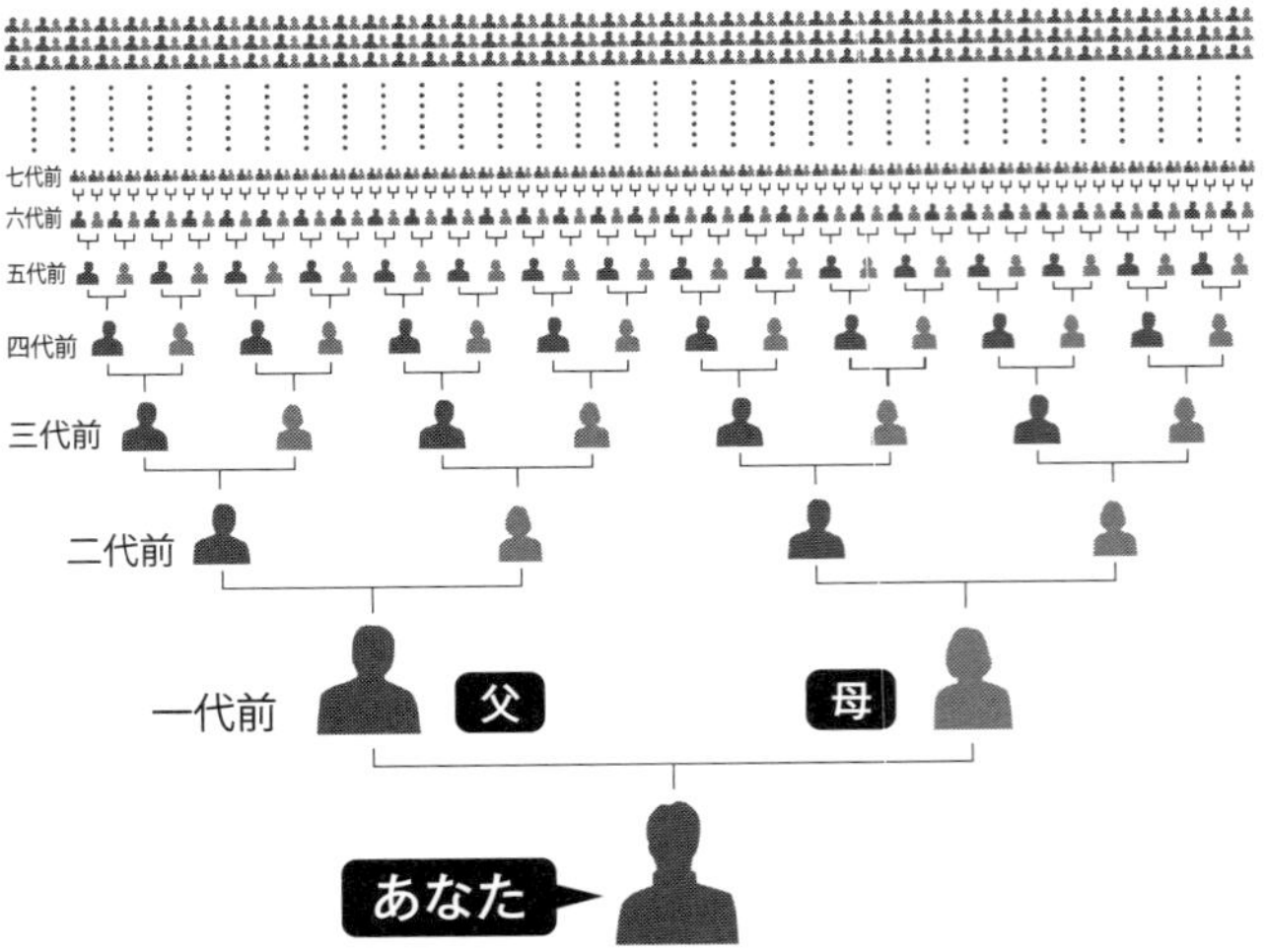

二十代遡るとご先祖様は100万人を越える

うか。縦軸で人生を見ていないのだ。この世に生まれるということは、池から湧いてくるのとわけが違う。子供たちにはこんなふうに言う。

「僕には両親がいる。僕の両親にも二人の親がいる。その親にもそれぞれ親がいて、一〇代遡《さかのぼ》ると一〇二四人になる。じゃあ、二〇代遡ると何人になると思う？　すごいよ、一〇〇万人を超えちゃうんだから」

ここで子供たちはエ～ッと驚く。

「僕が何を言いたいかというと、ご先祖さまに感謝してほしいんだ。考えてごらん、ご先祖のなかにたった一人でも『子供なんかいらない』と言う人がいたら、あなたは生まれていない。今、ここにいません。子供を生んで育てるのは大変ですよ。今のように医学が発達していなかった昔は、お産でお母さんや子供、または両方が死ぬことも多かった。無事に生まれてきても、食料がない時代は育てるのが大変だった。もしあなたの親が、『子供を育てるのは大変だから、自分だけで楽しい生活をしよう』と考えたら、あなたは生まれなかった。あなたのお婆ちゃん、お爺ちゃんがそう考えたら、あなたのご両親も生まれていなかった。だから命をつないでくれたご先祖様に感謝しなきゃいけないよ」

こう言うと、みんなすんなり納得できるようだ。植物の世界を例にとって説明することもある。

「みんな、アサガオを育てたことあるでしょ？　アサガオは咲いたあとどうする？　咲いたから俺はもう満足だ、と言ってただ枯れるアサガオはありません。自《みずか》らを腐らせて、そのあとちゃんと芽が出るようにする。アサガオだってちゃんと次の命をつなぐんですよ。自分が花を咲かせただけで満足する花なんかないよ。自然の理《ことわり》からは勉強することが多いんだ。自分が成功して、自分だけ幸せでいいというんじゃなく、次の世代のことも考えるべきじゃないかな。今の時代をより良くして次の世代に引き継いでいくのが、僕たちの使命だよ」

こんな話から、家庭の大切さも学んでくれればいいなと思っている。

夢は自分の心のなかにある

数年前、NHKの『課外授業　ようこそ先輩』の収録で、母校の横浜国立大学教育人間科学部附属鎌倉小学校を訪れた。この番組では、さまざまな分野で活動している人が、出身校に行って子供たちに授業をする。僕は四年生のクラスで「夢」について二日間授業を行なった。

最初の授業でみんなに「夢」を聞くと、「お医者さん」「バレエの先生」「俳優」「テニス選手」「漫画家」……いろいろな答えが返ってきた。でも、僕が子供の頃と何か違う。少し具体的に聞いていくと、テニス選手になりたい子は「ウインブルドンのベスト一六」に入る、漫画家志望の子は「漫画家の弟子」になることが自分の未来像なのである。

なぜウインブルドンの優勝選手や人気漫画家じゃないんだ？　僕らの時代は「野球選手」を夢見る子供はごく単純に、その時代大活躍していたホームランバッターやピッチャーに未来の自分を重ねたものだ。でも情報過多の今は、その分野で一流の人と自分の実力を比べ、「自分はせいぜいこの程度だろう」と初めから計算して決めている。僕から言わせれば、そっちの発想のほうがずっと難しい。夢に計算なんか必要ないんだ。

もう一つ、「夢」を聞かれて「職業」を答える子供が多いことも気になった。医者になりたい子に理由を聞くと、「お金持ちになりたいから」だという。金持ちになったら何をしたいか聞くと、「おもちゃを買う」という。

「おもちゃを買ってどうする？」「遊ぶ」「遊んでどうする？」……どんどん聞いていくと、最後は答えに詰まる。

「あのね、誰が職業を書けと言った？　僕は夢《ゆめ》を書けと言ったんだよ。何になりたいかじゃなく、何をしたいかを聞いてるんだ。僕は冒険家になりたかったわけじゃない。世界一周をしたかった。ヨットでその夢を果たしたら、みんなが僕を冒険家と呼んだんだ。君たち、人を好きになるときはどこで好きになる？　そう、心だよね。夢も自分の心のなかにあるんだ。お父さんやお母さんに聞いたって、自分の夢は見つからないよ。自分は大きくなったら何をしたいのか、自分の心にもう一度聞いてみて」

新しく出てきた答えは、それぞれが少しずつ変わっていた。医者になりたい子の夢は「人助けをする」ことで、そのための手段が医者なのだという答えに変わった。その子は自分の心の奥に入っていって、その答えを導きだしたのだ。

夢を職業に規定してしまうと、失ったときが辛い。医者にしても医大へ進学できなければそこであきらめなければならない。でも、「人助けがしたい」という夢なら、たとえ医者になれなくても、看護や福祉の道へ進路を変えることもできる。

つぎに僕は、自分の夢を叶えるためのプロセスを書いてもらった。「専門学校に行けばいいのかな？」「大学っていくつで入るんだっけ？」みんな周りの人に聞きながら、自分の夢に近づく道を考えている。このときの子供たちは、顔が輝《かがや》いていた。

自分は何がしたいのか、そのためにはどうすればいいのか、具体的に考えていくことは学校の授業より大切かもしれない。自分の夢を実現するために勉強が必要だとわかれば、しっかり学習するようになるからだ。

僕にしても、漠然と世界一周を考えていた頃は学校の勉強に身が入らなかったが、船で海を渡ると決めてからは、それに役立つことは何でも勉強する気になった。夢に向かって一生懸命になれば、心が震《ふる》えてくる。たとえこの人生で夢が叶わなくても、希望を持って心を震わせる体験をすることだけで十分素晴らしい。

ヨットの師匠、多田さんの夢は、絵描きになることだった。実際に絵で収入を得ることはなかったが、彼は芸術家ならではの感性と好奇心で人生を送っていたと思う。彼にとってヨットは自己表現の手段だった。多田雄幸の世界一周は、彼が残した最大の芸術作品だった。僕はそう思っている。

『カンフー・パンダ』のポーに教わったこと

僕が親しくさせてもらっている棋士の羽生《はぶ》善治《よしはる》さんは、サインを求められると「玲瓏《れいろう》」と書く。音が冴えるとか、玉が透き通って曇りがないというような意味で、「明鏡止水《めいきょうしすい》」という言葉にも通じる。玲瓏も明鏡止水も僕の大好きな言葉だ。

小学校一年生になった僕の娘と、ドリームワークスが手掛けた『カンフーパンダ』（パラマウント　ホーム　エンタテインメント　ジャパン）の日本語吹き替え版を観にいったら、いちばん偉い亀のウーグウェイ導師がこんな台詞を言っていた。

「心は鏡です。泡立てればものが見えなくなる。ぴたりと治まればすべてが見えてくる。」

僕はこの台詞にしびれてしまった。これに限らず、ウーグウェイ導師の言葉は、東洋の思想をよく表している。とくに期待して観にいったわけではない分、感動も大きかった。

主人公のパンダ、ポーは父親が経営するラーメン屋を手伝っているカンフーマニアである。町にはウーグウェイ導師のほか、シーフー老師、トラ、サル、カマキリ、ヘビ、ツルというカンフーの五拳を操るマスターたちがいる。

あるとき、マスターのなかから「龍《りゅう》の戦士」を選ぶ大会が開かれることになった。勘の鋭いウーグウェイ導師によると、昔町にいた暴れ者のタイランが町に戻ってきそうなので、龍の戦士を選んでタイランを迎え撃つのだという。

ポーにとって五大カンフーマスターは憧れの的。そのなかの一人が龍の戦士に選ばれると聞いて、会場へと急ぐ。しかし、ポーが会場に着いたとき、すでに扉は閉まっていた。なんとか会場に入ろうと、ロケット花火を椅子の下につけ、ド～ンと打ち上げられて門を越えたポー。

「龍の戦士は、この人です」

とウーグウェイ導師が龍の戦士を指差した先に、ポーは落ちてきた。こうしてポーは、龍の戦士になるべく修行を始めたのだった。とはいっても、カンフーの技もろくに知らない太っちょパンダ。マスターたちから軽いいじめも受けるが、ポーは決してめげず、人の悪口をも言わず、とことん明るい。

一方、悪役のタイランは、ウーグウェイ導師が予言した通り、牢獄《ろうごく》を脱走して町へ向かって来る。それを迎え撃つはずのポーは、一向に修行が進まない。シーフー老師はウーグウェイ導師に言う。

「タイランがもうすぐ町へやって来ます。どうしましょう？」

「龍の戦士が育てば大丈夫」

「あのパンダですか！？　パンダは問題の解決にはなりません」

「信じて導いてやりなさい」

シーフー老師は困り果てたが、ポーが食べものに異常な関心を示し、食べたいものを手に入れるためなら並はずれた跳躍力や力を発揮することに気づいた。それを利用したところ修行は一気に進み、遂にポーはカンフーの秘伝が書かれた巻物を手にする。

というのがストーリーのあらましである。この物語の優れているところは、登場人物の誰もがコンプレックスを抱えていることだ。シーフー老師には、かつて自分が育てたタイランが悪者になってしまったという悩みがあるし、五人のカンフーマスターたちもそれぞれ自分の弱みを自覚している。ポーにしても、なぜパンダである自分の父がアヒルなのか、なぜこんなにぶよぶよなのか、悩みはある。でも、「龍の戦士になりたい」という一心で自分を信じ、自分の弱みを武器に代えて悪を倒す。単に力が強かったり、技を究《きわ》めたものが龍の戦士になれるわけではないのだ。素直に自分を信じ、人を敬うものこそ大きなことを成し遂げられる。ウーグウェイ導師は、それを求めていたのだ。

僕は、そこが気に入った。敵も味方も、すべては自分のなかにいる。自分を信じ、自分の特徴を活かして素直に進めばいい。素直でまっすぐな心がいちばん尊《とうと》い、これこそがこの映画のメッセージだと、僕は解釈した。

でも、僕の娘にはあまり受けなかったようで、「ポケモンのほうが面白い」と言っていた。何人かの知人に『カンフーパンダ』の話をしても、たいてい「ああ、太ったパンダが強くなる話ね」ぐらいの反応しか返ってこない。

もしかしたら僕は、お金持ちの息子でもなく、ヨットの才能があったわけでもないのに「絶対世界一周できる」と信じて頑張ってきた自分とポーを重ねて、人より感動が大きかったのかもしれない。でも、ひたすら素直に自分を信じることは絶対に尊い。『カンフーパンダ』の物語は、いつか子供たちの授業に使いたいと思っている。子育て中の大人の皆さんもぜひ見てください！

運命は変えられない。どう対処するかが問われている

両親の愛に恵まれない、いじめにあったことで誰も信じられなくなった、悪い友だちに感化されてしまった——世の中にはさまざまな事情を抱えた子供たちがいる。僕もこれまで、そんな子供たちに出会ってきた。

人はまず、「愛されている」という自覚が持てれば、人を信じ、愛することができるようになる。だが不幸にして、いちばん身近で無償の愛を注いでくれるはずの親から虐待されて育つ子供も増えてきた。ひと昔前まで親のいない子供たちが暮らしていた児童養護施設に、今は虐待する親から引き離された子供がたくさん暮らしている。深く傷ついた彼らの心を完全に癒すことは難しいが、信頼できる大人や仲間は必ずいる、というメッセージだけは送りつづけたい。児童養護施設は一八歳で出なければいけない規則だから、そこから巣立っていく彼らにはこんな言葉を贈る。

「親に恵まれようが親に捨てられようが、一歩社会に出たら関係ない。人それぞれに与えられる運命は、誰にも変えられない。でも、世の中で問われるのは、生まれではない。君の行いである。」

心に傷《きず》を負った子供たちは、ものすごいエネルギーを内に秘めている。そのエネルギーが良い方向へ向かえば、世の中の役に立つ立派な人間になれると僕は信じる。高校教師から参議院議員になった、ヤンキー先生こと義家弘介《よしいえ》さんがそのお手本だ。

親との関係が悪く、暴走族になった義家さんは、地元を離れて北海道余市《よいち》の高校に編入し、東京の大学へ進む。法学部を選んだのは、悪徳弁護士になって世の中を見返してやりたいと思ったからだそうだ。

ところが大学時代にバイク事故を起こし、大怪我を負ってしまう。そこへお見舞いに来たのは高校時代の女性教師で、義家さんにこう言った。

「あなたは私の夢だから」

高校時代ワルだった自分を、ずっと信じてくれる人がいた。しかも、わざわざ遠くから見舞いにきて、その想いを素直に伝えてくれた——。義家さんはこの日、高校教師になる決意をした。悪人の味方をして金を稼ぐ弁護士ではなく、自分と同じ境遇の子供たちを救おうと決めたのだ。誰もが義家さんになれるわけではないだろうが、少なくともマイナスの方向にぶれようとしている子供を見たら、行くべき道を示してあげたい。

「友だちなんかいらない」

こう言う子がいたら、「そんなことはない。友だちは大事だ」と、僕は自分の体験から自信をもって説得できる。でも、ときには自分が体験したことのないことを聞かれることもある。

「なんで人を殺しちゃいけないんですか？」

一時期、子供が大人にこう問いかけ、大半の大人が明確に答えられなかったことがあった。僕なら簡単に、一言でこう答える。

「殺すな！」

なぜ、と考える前に「殺しちゃいけない」ことを断言することが大切だ。問答無用《もんどうむよう》、である。まだ一〇年そこそこしか生きていない子供に理屈を説いてもわからない。まず、人間としてのあるべき姿を教えれば、大人になって家族の愛や先祖からつづく命を認識したとき、その意味が自然とわかるようになる。

子供の人権を尊重し、話し合うことに重きを置くようになった今の社会からは、「問答無用」の言葉が消えてしまった。しかし、「問答無用！」の切り札も、ときには使っていいと僕は思う。

ワルぶっている子にも良心がある

「問題児」と呼ばれる子供たちも、初めから悪い人間に生まれたわけじゃない。どんな人間にも、必ず良心がある。儒教の教えにある「五常の徳」は、誰の心にもあると僕は信じている。ちなみに五常の徳を簡単に説明すると……

仁《じん》　人を思いやること。自分を愛すること、身近な人を愛し、ひいては広く深く万物を愛することである。

義《ぎ》　人の歩んでいく正しい道のことである。義をおろそかにすることは道を踏み外すことになる。仁を実践する基本として義を貫くことが必要である。

礼《れい》　人の世に秩序を与える礼儀礼節は仁を実践する上で大切なことである。

目上の人に礼儀を尽くすこと、相手に敬意をもって接することが礼、自分を律し、節度を持って行動することが節である。

智《ち》

人や物事の善悪を正しく判断する知恵である。

信《しん》

言明をたがえない、真実を告げる、約束を守る、誠実であること。

心と言葉、行動が一致することから得られる信頼である。

学校やフリースクールで悪いことをしている子に会う機会があると、こう聞くことにしている。

「お前、後輩からため口をきかれたらどう思う？」

答えはみんな同じだ。

「ムカつきます」

そこで僕はこう言う。

「そうか、お前は礼儀正しいことが好きなんだな。礼がなければ、後輩にため口をきかれても平気でいられるはずだから」

つづいて、これも聞く。

「ずる賢いやつは好きか?」

今まで一人残らず「嫌いですね」という答えが返ってきたので、僕はそのつど誉《ほ》めた。

「お前、義があるじゃないか。ずるいやつに『コノヤロー』と思うのは義がある証拠だ」

みんな本当は、人に愛されたいし愛したい、信じてもらいたいし信じたい。でも何かの事情で、それを素直に表現できなくなっているだけだ。

義家さんから聞いた話では、不良にいちばん利く言葉はこれだと言う。

「お前、恥ずかしくないか?」

つまりみんな、良心があるということだ。泥棒の目つきが悪いのは、「悪いことをして嫌だな」と自覚しているからにほかならない。もし根っから泥棒稼業が好きなら、もっと晴れ晴れとした顔をしているはずである。

子供たちも、人をいじめたり悪いことをしていると顔が曇ってくる。それは、そんな自分を好きになれないからだ。自分の心と行動が一致しないと、表情は暗くなる。たとえ勝負に負けても、心と行動が一致していればハッピーでいられる。

人間、心の乱れは言葉や行動に必ず表れる。それを逆手にとって、まず規則正しい行動をさせることで心を整えようとしているのが刑務所や更正施設だ。この方法は家庭でも学校でも応用できる。きちんとした生活は、そのまききちんとした態度につながるものだ。

僕は水産高校時代、船を隅々まできれいに掃除することを叩きこまれた。厳しくするのが目的ではない。掃除をきちんとしていれば、床に油が一滴落ちていても「どこか漏れている箇所がある」と異常を早期発見できる。もし床が汚れていたら、修理不能になるまで気がつかないかもしれない。ヨットでも、ピッカピカに磨いている船は、実際に事故が少ない。身の周りをきちんとすることには、事故を未然に防ぐ意味もあるのだ。

以前、山口県萩市の明倫小学校に行ったことがある。一七一九年に長州藩の藩校として開かれたこの学校は、幕末期の精神的指導者であった吉田松陰が教鞭《きょうべん》をとったことでも知られる。萩の市立校となった今も、一年生から六年生まで学期ごとに吉田松陰の言葉を朗唱している。ちなみに一年生の一学期は、

「今日よりぞ　幼心を打ち捨てて　人と成りにし　道を踏めかし」

六年生の一学期には、

「体は私なり　心は公なり　私を役して公に殉《したが》う者を大人《たいじん》と為《な》し
公を役にして私に殉うものを小人《しょうじん》と為す」

なんていう言葉をみんなで歌っているすごい学校だ。この学校の下駄箱がまた美しい。

生徒たちの靴がまったく乱れることなく、ビシ〜ッと並んでいた。生徒たちが荒れている学校があったら、まず先生の服装を正し、掃除や規則を徹底したらどうだろう。今は学校教育に父兄も口出しする時代なので、若い先生は現場で戸惑うことも多いと聞く。しかし、自ら選んで教育者になったのだから、とことん自分を信じ、生徒にきちんとした生活態度を身につけさせてほしい。

叱《しか》る前にその子のいいところを見つける

「人を叱るときは、相手の好きなところを見つけてから叱れ」まさにその通りだと思う。叱るときは、相手に対して愛情がないと、憎しみの気持ちが入ってしまう。これでは逆効果だ。だから僕も、子供たちと接するときは、まず相手のいいところを見つけてから叱るようにしている。

ときにはガツンと叩くこともある。引きこもりの子供たちを集めて、ヨットで冒険授業を行なったときもそうだった。授業には二〇人が応募してきたが、結局実際にやってきたのは七人。さすが引きこもりである！　二泊三日と短い冒険授業だったが、人数が少ない分、初日にはゆっくり話す機会が持てた。

引きこもりたい気持ちは、わからないわけじゃない。僕も人に会うのが嫌で、隠れるようにこもっていたことがある。僕は自分がどのようにして夢を叶えたかを、彼らに話してきかせた。

参加者のなかに一人、いじめが原因で引きこもるようになったという少年がいた。次の日の朝、集合時間に彼だけが来ない。別の子が部屋を見にいくと、「ちょっと熱がある」と言って寝ているという。違う！　僕は直感でそう思い、起こしてヘルメットをかぶせた。やはり、熱などはなかった。

「お前、何考えてんだ！」

みんなと一緒に並んだ彼の頭を、僕のヘルメットで殴った。ガ～ンと大きな音がしたが、ヘルメットの上から殴ったので、痛くはないはずだ。でも、そばで見ていた船長は、目が点になっていた。まさか引きこもりを殴るとは考えてもいなかったのだろう。

「昨日お前、いじめられたとき、先生は見て見ないふりをしていたって言ったな。じゃあ、お前はきちんと時間を守って学校へ行っていたのか？　掃除もサボらずにやってたか？

それでも、先生が無視をしたなら俺が学校へ乗り込んでやる。しかし、何もしないで先生や学校の批判をしたならそれは違うぞ。今、俺が怒っているのはお前が遅刻したからではない。お前の言っていたことと行動が違うことを怒っているんだ」

この冒険授業では、このほかにもう一回子供たちを叱った。食事の時間、一人の子が食べものをこぼして片づけていたのを、誰も手伝おうとしなかったからだ。

「お前たち、仲間を大切にしたいと思ってるんだろ？　そういう話をしたよな。それなのに、なぜ仲間が困っているとき助けない！　それじゃあ、お前たちが嫌っているいじめっ子と同じじゃないか！」

このあと僕は、自分がなぜここまで叱っているのかを話した。

「ある学校に講演に行ったとき、生徒がワーワー騒いでいるし、先生は注意もしない。そのことをある人に『最近の学校は情けない』と愚痴《ぐち》ったことがあるんだ。そうしたらいきなり『お前は卑怯者《ひきょうもの》だ！』と怒鳴られた。『そう思ったならなぜその場で言わない。あとで俺に愚痴をこぼすなんて最低だ！』と。あのとき僕は目が覚めたんだ。だから今日はこの場で君たちを叱ってる。あとで『引きこもりはやっぱりだめだった』なんて絶対言いたくない。それで真剣に怒ってるんだ」

この塾に参加した子たちとは、とても仲良くなってメールアドレスも交換した。厳しいからといって愛情がないわけじゃない。逆に優しいからといって愛情があるわけじゃない。愛情をもって真剣に接すれば、子供たちは相手の顔や声の表情からそれを感じとる。ましてや引きこもりの子は、人一倍他人の気持ちに敏感だ。

引きこもりは、日本社会が豊かになったが故に生まれた。戦後の貧しい暮らしを体験した人が親になり、「自分の子供は何不自由ない環境で育てたい」と何でも買い与え、甘やかした結果である。子供たちに聞くと、「モノさえ与えれば幸福になれると考えている親が嫌だった」ということになる。難しいものだ。

今や引きこもり歴が一〇年、二〇年になり、家から出ないまま三〇代、四〇代を迎えた人も少なくない。一方、彼らを家で長年支えてきた親たちはもう老境《ろうきょう》に差しかかっている。これからは、年齢だけ大人になった引きこもりが、否応《いやおう》なしに社会へ出てくるはずだ。僕はそんな人たちにこそ、精神筋力が必要ではないかと思う。

立派な大人は他人の子供にも愛情を注いでくれる

一九六七年生まれの僕は、高度成長期の後半に幼少期を過ごした。敗戦の陰を引きずりながら、僕らの親の世代が、がむしゃらに働いていた時代。まだ国全体は貧しかったが、夢も希望もあった。働けば働くほど給料は上がり、日本は右肩上がりの成長をつづけていた。新しい生活用品も次々誕生し、耳にするニュースもいいことばかりだった記憶がある。

その後のバブル期、バブル経済の破綻《はたん》も体験した。その時代に育った子供たちにも多く会っている。僕が今、幅広い層の人たちから講演を頼まれるのは、一人で世界を三周したということのほかに、日本のいいときも悪いときも見た世代だからかもしれない。

「今の若い子は覇気《はき》がないと言うけれど、今二〇代の若者たちを自分と同じ感覚で見てはいけません。彼らは生まれてこのかた、悪いニュース、暗いニュースばかり聞いて育ってきたんだから、大らかに受け止めてあげてください」

企業の人事畑の人が集まる講演では、こんな話をする。母親が集う講演会では、母親不在で育った僕の子供時代の話や、母性の素晴らしさについて話すことが多い。数年前、地元鎌倉に近い会場でそんな講演をしたら、終わったあとに年輩の女性が二人、僕のそばへ近寄って来た。

「白石君、立派になったわねえ」

口々に言われて「どちらさまですか？」とうかがうと、小学校時代の同級生のお母さんだった。最近では親の離婚などで父親不在、母親不在の家庭も珍しくなくなったが、僕が小学生だったとき、家庭に母親がいないのはクラスで僕だけだった。おまけに僕の父親も、母親代わりの祖母も学校に意見を言うことはなく、授業参観にもほとんど来なかった。鈍感な僕はその頃ちっとも気がつかなかったが、クラスメートのお母さんたちは僕のことをすごく心配して、見守っていてくれたらしい。

別の日、やはり地元の近くで行なった講演には、妹の幼稚園時代の先生が来てくださった。「英里子ちゃんはいつもお弁当を隠して食べていたので、一度あなたたちのお婆さまに『もう少し華やかなお弁当をつくってあげてください』とお願いしたことがあるのよ」

先生はこんな話をしてくださった。これは僕もわかる！　祖母のつくるおかずはどれも美味しくて大好きだったが、それがお弁当に詰められると話は別だ。明治女の祖母がつくるおかずはたいてい醤油で煮てあるから、お弁当箱のなかが茶色いのだ。だが、クラスメートのお弁当は、黄色い卵や赤いウインナー、緑のサラダなどカラフルで、とても美味しそうに見えた。隣の子のキウイを食べてみたくても、僕のお弁当箱にはトレードするものが何一つない。蓋《ふた》を全部開けて食べるのが恥ずかしかったくらいだ。男の僕がこんな気持ちだったのだから、妹はもっと恥ずかしかったことだろう。女の先生は、そんな妹の気持ちを汲んで、祖母に進言してくれたのだ。

そういえば中学のとき、祖母が倒れてお弁当を持っていけない時期があった。僕は先生の許可をもらって外へパンを買いにいっていたが、それが級友のお母さんたちに知れると交代でお弁当をつくってくれた。友だちの家でもずいぶんごはんをご馳走になった。グラタンやピザを知ったのも、友だちの家だった。友人の家で初めてピザを食べたときのことは今でも覚えているぐらいだ。

「白石君は本当に美味しそうに食べるわね」

よく友だちのお母さんから言われたが、どれも家では食べたことのないものばかりで、本当に美味しかった。子供の頃はあまり意識していなかったが、僕は多くのお母さんたちに育ててもらっていたのだ。

それにしても、よその家の子供のことまで気にかけるほど、母親は偉大である。その最たるものが母性だろう。塾の先生から、こんな話を聞いたことがある。耳の形が人と違う子がいて、いつもみんなからそれをからかわれていた。でも、その子はまったくめげず、明るくしている。なぜこの子はこんなに強いんだろう？　ある日、直接聞いてみた。

「みんなに耳のことを言われて、悲しくない？」

「うん、平気。だってお母さんが毎晩、『あなたの耳はかわいい。あなたの耳は世界一だよ』って言ってくれるから」

母性を象徴するような話だ。この子にとって、母親の囁《ささや》きは、魔法の言葉だったのである。

僕の家では父親も祖母も厳しい人だったので、誰かに甘えるということを知らずに育った。兄と妹も同じで、僕ら兄妹は小さいときから自分のことはすべて自分の責任で行なってきた。それが当たり前だと思っていたし、僕が世界一周という過酷なことにチャレンジできたのも、父と祖母の厳しい教育があってこそだと思う。

その半面、母親のやさしい愛情が欠如したまま育ったことを残念に思う気持ちもある。もっと甘えてみたかった。

読者のみなさんのなかにも、母親を知らずに育った人、母親と別れて暮らしている人がいると思う。でも、決して悲観することはない。僕がそうだったように、あなたの周りにも母親のような目であなたを見ている人がきっといる。

子育てにマニュアル本はいらない（わが家の子育て方針）

「男の子は強さのなかに優しさを持ちなさい。女の子は優しさのなかに強さを持ちなさい」

小学生の子供たちには、こう言っている。男と女は肉体的にも精神的にも違いがあるので、その特徴をうまく活かして育ってほしい。どちらかが偉くて、どちらかが優秀だとかの問題ではない。要するに役割が違うのだ。その特徴をうまくとらえなければならない。これは宮本武蔵の『五輪書』水之巻にも書いてあることである。今の男の子たちはとても優しいけれど、心の奥には闘争本能があると思う。それはいざというとき、たとえば自分の大切な人を外敵から守るときに役立てるといい。

僕の家には小学校一年生の娘がいるが、自分の子供に対する思いもまったく変わらない。

子供のうちは素直にまっすぐ育ってくれれば、ほかに言うことはない。大きくなったら人の役に立つ人間になってほしい、とは思うが、方法は本人にまかせたい。これは夫婦共通の思いである。

普段の僕は、女房の子育てにほとんど干渉しない。ただ、娘が生まれたばかりのとき女房がマニュアル本を買ってきたので、「あんまり見ないほうがいいよ」と言った。たしかに、初めての子育てで心配や不安なことも多々あるだろう。マニュアル本には人の体験談をもとにした平均的な子育て方法や、研究者の意見が書かれているのかもしれないが、自分が育てている子供のことは載っていない。自分の子供を目の前にしたとき、マニュアル本に沿って行動しても子供に伝わるものは少ないと思う。自分のハートで考えたことならより一層の愛情がこもるので、子供にいい影響を与える。僕はそう考えているし、幸い女房も僕と価値観が似ている。

「何をやるにも心で決めなさい」

僕が娘に言うのはこのぐらいだ。ときどき一緒に遊ぶ。幼稚園の頃にけん玉をしたとき、娘が失敗したので聞いてみた。

「今、何が悪くて失敗したかわかるか？」

娘は「う〜ん……」としばらく考えたあとにこう言った。

「心?」

「そう、心だ! 心が動いたからけん玉が落ちたんだ」

娘がどのくらい「心」を理解していたかはわからないが、子供というのは大人の話を想像以上に聞いているものだ。いや、感じ取っているのかもしれない。小さい頃からあまり子供扱いせず、大事なことを伝えつづけていれば、それがいつの間にか子供の心のなかで育っていくようだ。

小学校に入ってから、娘は僕にすごく厳しくなった。母親には優しいのに、僕が何か失敗すると、娘から叱られる。

「なんでお父さんには厳しいことを言うの?」

女房がある日聞いたら、娘はこう答えた。

「お父さんにはね、立派なお父さんになってほしいの。だから厳しく言うの」

やれやれ。修行の身である僕は、娘からも教わることがたくさんあるようだ。

■ エピローグ

新しい夢に向かって

迷ったら潔《いさぎよ》くやめたほうがいい

ヨットでの世界一周はあまりに過酷な日々がつづくため、ゴールしたとたん、それが遠い過去の出来事だったような錯覚《さっかく》に陥る。そしてすぐまた、新しい夢を見る。

二〇〇六年から七年にかけて行なわれた世界一周レースを終えたあと、僕はつぎの目標を二〇〇八年のヴァンデ・グローブに定めた。ヴァンデ・グローブとは、一九八九年から四年に一度開催されている単独ヨットレースである。フランスのレサー・ブルドロンヌから出港して同じ場所へ戻るのだが、5オーシャンズと違ってノンストップで回る。出場者同士が寄港地で語り合ったり、物を貸し借りする5オーシャンズに比べ、人との交流はほとんどないに等しいが、ヨットの単独世界一周レースとしては最高峰。参加基準も厳しい。これまで日本人セーラーは一人も出場していない。僕にとってはとても魅力的なレースだ。ヴァンデ・グローブに日本人として初出場して、全力でトップを目指したい。そう考えていた。

結論から先に言うと、僕はこのレースに出場できなかった。十分に準備ができるだけの資金が集められなかったからだ。それでも開催地へ行き、仲間の出港を見送った。5オーシャンズを最後まで一緒に戦ったバーナードも、途中でリタイアしたマイクとアレックスもヴァンデ・グローブに挑んだのだ。

だが残念なことに、彼らは二〇〇八年のヴァンデ・グローブを完走できなかった。このレースは波乱つづきで、出走した三〇艇のうち二〇艇がリタイアを余儀なくされた。優勝候補と目されたセーラーたちも揃ってリタイア。新艇で言えば、一八艇のなかでまともに走れたのは三艇だけだった。

「コーちゃんはタフだから、出場していれば上位に入れたかもしれないね」

レースの結果を知って、こう言ってくれた人がいた。

「あんなに荒れたレースに出場しなくてラッキーだったね」

別の人はこう言った。

僕の考えは後者のほうだ。人はたいてい、できなかったこと、やらなかったことについて楽観的に考える。あのときやっていれば勝てた、あるいは、やっていたら現状がもっとよくなっていたはずだ、という具合に。でも、本当にそうだろうか？　やれなかったことをやっていたら、今よりもっとひどい状況になっている場合も多いのではないだろうか。棋士の羽生善治さんもそう言っていた。連日のように対局し、何千手、何万手と将棋を指してきた天才棋士の実感を僕は信じたい。

もし、準備不足のまま無理をして二〇〇八年のヴァンデ・グローブに出ていたら、船が壊れて死んでいたかもしれない。レースの模様から判断して、僕はそう思っている。出場できなくて幸運なこともあるのではないか。

「迷ったときはやってみろ」

本にはよくこう書いてあるが、迷ったらやめるという選択肢もあるのだ。一度出場を逃しても、ヴァンデ・グローブは四年ごとに開催される。次は二〇一二年の一一月だ。トップセーラーとそのチームは、もうとっくに準備を開始している。僕はと言えば、大震災と世界的な不況が重なった現状では、このレースへの参加も厳しいかもしれない。でも、またその次がある。

今僕は四四歳だが、あと一〇年は優勝を狙える現役でいられる。その一〇年で二レースに出場できれば上出来だ。縁と運とタイミング、三拍子揃わなければビッグレースに挑むことは不可能だが、チャンスは必ず来ると信じている。そのあいだ、いつどんなチャレンジに誘われても即座に対応できるよう、常に準備をしていよう。

言葉より心で通じ合える仲間たち

日本人初のヴァンデ・グローブ出場を諦めかけていた二〇〇八年の春、思いがけないチャンスがやってきた。新記録を賭けた太平洋横断航海に誘われたのだ。太平洋横断と言えば、僕は以前、ブルーノ・ペイロンのエクスプローラー号のクルーとして、新記録を打ち立てたことがある。第4章で紹介したように、あのときはセーラーとしてまだ新米の僕を、ブルーノが拾ってくれた。

あれから二〇年、今度はブルーノの弟ロイック・ペイロンがプロデュースするギターナ号から、正式なオファーが来たのである。ロイックの船もブルーノのエクスプローラー号と同じカタマラン（双胴艇）だが、全長一〇〇フィート（およそ三三メートル）より巨大だ。何しろ船の値段は一五億円、オーナーはあの世界的大富豪、ロス・チャイルドである。

ロイックたちは世界一周航路の途中で、サンフランシスコから日本までの太平洋横断航路に日本人を乗せ、新記録に挑戦することにした。そこで5オーシャンズのクラスⅠで二位の成績を残した僕に、白羽の矢を立ててくれたらしい。日本からアメリカへ向かった前回の太平洋横断とは逆に、今度はアメリカ西海岸から日本を目指す旅だ。僕はギターナ号に乗り込むため、サンフランシスコに向かった。

艇長のライオネル以下、クルーは総勢一一人。僕以外は全員フランス人、しかもみんなブルターニュ出身である。英語もろくにしゃべれない僕が、フランス語を話せるわけもない。身ぶり手ぶりを使うボディランゲージは得意だが、最低限のヨット用語はフランス語で覚えなくてはならないだろう。そう思っていたら、クルーの一人がこう言った。

「コージロー、ブルターニュ語を教えてやろう」

えっ、フランス語じゃないのか？　フランス語とブルターニュ語がどの程度違うのかは今も謎だが、そもそも船の用語はどこの国でも特殊だ。日本でも船首を右へ向けることを面舵《おもかじ》、左を取舵《とりかじ》と言うし、英語でもライト・レフトではなく独特の単語を使う。フランス語でも事情はまったく同じで、僕は主要な用語の一つひとつをその場で覚えていった。人間、必要に迫られれば覚えられるものだ。

それでも、やはり言葉の壁は存在した。この航海は三組四人ずつのワッチ制、つまり四人一組で見張りを交代しながら進められた。交代は三時間ごとで、一組がデッキにいて見張りと操船をしているとき、次の組はカッパを着こんでそばに控えている。

何しろ高額なヨットである。ひっくり返って壊れたら一大事。当直の三人はロープを握っての真剣勝負だ。タッキングやセールダウンは控えの四人も加わって行なうので、控えているあいだもまったく気が抜けない。休みの一組だけは船室で寝ていられるが、それも三時間ずつの細切《こまぎ》れ睡眠である。

普通アメリカのクルーなどは、「お前はバウマンだ」とか「ランナーをやれ」とか、それぞれ役割を決める。しかし、ブルターニュ人の彼らは特定のポジションにこだわりはない。マストを担当するバウマンだけはハーネスをつけなければいけないので固定しているが、それ以外は特に役割を決めていない。逆に言えば、みんな何でもこなせるわけだ。タッキングのときなどは、僕も率先して行なった。

だが、困ったのは彼らの寡黙《かもく》さだ。ブルターニュ人セーラーは、大半が寡黙である。せっかく習ったヨット用語もあまり使わず、アイコンタクトでセーリングがつづく。昼間はまだいい。彼らのやりたいことはわかるので、アイコンタクトだけで十分だ。

しかし、夜はそうもいかない。彼らは僕の耳元で「むにゅむにゅむにゅっ」とフランス語だかブルターニュ語で言ったあと、作業のためにダ〜ッと走っていく。えっ、何？ジャイビング？　リーフィング？　などと叫びながら、僕は必死に走ってついていく。そんなわけで、夜の作業はいつも僕だけワンテンポ遅れてしまうのだ。

それでも日が経つにつれて、彼らとも打ち解けてきた。レオという管理担当の若いセーラーに「なぜヨットを始めたんだ？」と聞かれたので、多田さんに憧れて弟子入りした話をすると、「僕と同じだ」という。彼はギターナ号を見たとたん一目惚れし、すぐにクルーのところへ行って「何か手伝わせてくれ」と弟子入り志願したそうだ。

僕は帰国したあと、子供たちにレオの話もしている。相手と同じ言葉を話せなくても、技術的に未熟でも、臆することはない。自分のやりたいことが見つかったら、必死に食らいついていけば道は開けるのだと。

航海五日目に日付け変更線を越えた頃には、ギターナ号のクルーたちみんなと仲良くなった。世界中に仲間が増えるのは楽しい。確実に日本へ近づくなか、僕もちょっと強気になって冗談で言ってみた。

「さて君たち、日本語は話せるかな？　日本人は日本語しか話さないよ」

こう言ったら、一人のクルーにこう返された。

「コージローは日本に着いたらキングになる」

ギターナ号は、サンフランシスコから横浜まで一一日間で走り、ヨットでの太平洋横断最速記録を塗り替えた。僕はまたしても世界記録メンバーに加えてもらったと同時に、サンフランシスコから横浜の自宅まで、飛行機も電車もバスも使わずに帰ってきた男にもなった。超エコです！

日本ではギターナ号のクルーたちを連れて、お寿司屋さんにも行った。富士山も見せたいと思ってでかけたが、あいにくの大雨。

「コージロー、これじゃあブルターニュの景色と変わらないよ」

そう言われたので、クルーのうち三人を車に乗せて、富士山の五合目まで連れていった。縁があって新しくできた仲間には、できる限りのことをしたい。仲間は僕の大事な宝である。

未来の自分を信じて生きる

世界一周レースのための精神修行と考えて始めた居合は、すっかり人生の一部になった。今ではレースだけでなく、僕の人格丸ごとを鍛える手段だ。居合は人生を幸せにするものであり、「居合いを普段の生活に活かせ」と教えてくれる師匠・鷲尾先生は、僕にとって人生の師範である。

その鷲尾先生からは、相変わらず厳しい言葉をいただく。先日はこう言われた。

「白石君の居合はガキっぽいな」

たしかに僕は、合同合宿で若者たちと会うと木刀で勝手に勝負してしまったり、「子供」の部分が抜けていないようだ。ただ、鷲尾先生は同時にこうも言う。

「しかし、年寄りじみた居合はするなよ」

先生の言葉は難しいが、僕流にこれを解釈すれば、無理をして子供っぽい面をなくさず、人格を磨きながら徐々に無駄なものをそぎ落としていけ、ということだと思う。鷲尾先生の居合には、無駄な動きが一切見られない。

武術にしても能、茶道などの伝統芸能にしても、会得《えとく》、習得、体得の順に修行を進めていく。初めは師匠を真似《まね》る。しかし、これが難しい。「真似」は真《しん》に似《に》ると書くが、何年やってもいまだ先生の真似すらできないのである。それができるようになったら意味を理解し、自分のものにしていくわけだ。そして最後、会得、習得、体得したことをすべて捨てる。そして、そこから解き放たれて自分のオリジナリティを出していく。最初の段階で自分を捨てて人の真似から入るため、素直な人間のほうが伸びる。

ヨットの世界では、僕は今、体得の段階にあると思っているが、居合の世界ではお恥ずかしい限りである。

先日、鷲尾先生は不動明王《ふどうみょうおう》と大日如来《だいにちにょらい》の絵を僕に見せ、不動明王を指さして言った。

「お前は今、この段階である。大日如来の化身が、この不動明王だ。不動明王は逞《たくま》しくて強いが、そろそろ大日如来になる勉強もしろ」

そう言われた僕にできることは、女房から繊細さを学ぶことと、常に自分の心を整えるように努力をつづけることぐらいだ。

「斬るな　そして斬られるな」

これが本当の居合だと言われている。心を磨き、人としての格を備えれば、剣を抜かず相手を圧することができるので、刀を交えなくてすむという意味である。

最近、鷲尾先生が我々の流派である「無双直伝英信流《むそうじきでんえいしんりゅう》」の極意を教えてくださった。この極意は私のシングルハンドレースにはとても役立つ。

「そこを引くなと云う儘《まま》の二人張《ににんばり》」

これは二倍で戦え、二人で戦えという意味ではない。引くに引けぬとき、どうしようもないとき、どうやって戦うか。

「よし行くぞ!」という自分と、「いや、やめたほうがいいんじゃないか?」という自分。この内にある両方の自分すべてを使って戦え、という意味である。弱気な自分まで動員して戦うのだから、すごい極意である。

最近、若者たちが全力でぶつかっていく姿を見なくなった気がする。どんなことでもいい。下手でもいい。負けたっていい。夢中になって、全身全霊でぶつかっていくことは、本当に尊いことだと思う。そこにこそ本物があるのだ。

自然エネルギースポーツとしてヨットを広めたい

ヨットの世界では、固定のヨットクラブとチームを持ち、普段はいろいろな港を回って講演やイベントを行ないながら、二年に一度ぐらいビッグレースに出場する。これが僕の理想である。

ヨットスクールも定期的に開催したい。日本で「ヨットスクール」というと、スパルタ式の暗いイメージがつきまとっている。実際、まず舵は握らせてもらえない。敷居が高くヨットに憧れをもって入ってきた人には厳しいのが、一般的である。

だが、本来ヨットは教育に適しているスポーツだ。僕ならロープワークを教えたり、「飛行機に乗らずにアメリカへ行けるよ」という話をしたり、初めにヨットの楽しさと素晴らしさを伝える。海での訓練は気象、海流など不特定要素ばかりで厳しい面もあるが、ヨットを好きになってくれればどんな訓練にも耐えられるはずだ。

雨で心を洗い、風で心を磨き、ヨット操作で心身を鍛え上げれば、シーマンシップが身につく。シーマンシップとは、船乗りとしての技量が優れているだけでなく、体力、忍耐力、決断力、危機対応能力に秀でた人に贈られる言葉である。つまりヨット体験で身につけたことは、そのまま日常生活のあらゆる場面で活かせる。

僕はヨットを通じて、東洋型のシーマンシップを育てる教育をしたい。たとえば日本で子供が剣道を習っていると聞くと、「竹刀《しない》の振り方がうまいですね」とは思わないはずである。むろん母親も、竹刀の振り方を教えるために習わせていないはずだ。

剣道を習えば、「身体を鍛えると同時に礼儀も身につく」と誰もが思うことだろう。それを僕は、ヨットで実現したい。東洋思想をもとにしてヨットを教えることで、「侍」を育てたいのだ。

また、風だけを推進力として進むヨットは、究極のエコロジーな乗り物でもある。西洋諸国では、その意味でもヨットの魅力が見直されている。マイク・ゴールディングは、抜群の営業力で洗剤会社のスポンサーを獲得して5オーシャンズに出場したが、今度は風力発電会社を新しいスポンサーにつけ、二〇一二年のヴァンデ・グローブに参加するという。

マイクは相変わらず営業の腕前も一流だ。

だが、うらやんでいる場合ではない。人間の智恵を結集した船と自然が恵む風を組み合わせたヨットを、日本でも自然エネルギースポーツとしてもっと広めたい。今、不況の煽《あお》りで風は凪《な》いでいる状態で、世の中もより複雑になっている。そんな時だからこそ私たちは原点回帰することが大切ではないだろうか。

風は必ず変わる。やがていい風が吹いてくるだろう。

あとがき

まず、お詫びを申し上げます。

「みなさん、素敵な言葉をご本人の了解なしに使わせていただき、本当に申し訳ありませんでした。そして、素敵な言葉を使わせていただき、本当にありがとうございます。どうしても使いたかったのです！」

なんだか僕のあとがきはいつもお詫びから始まるような気がする。

この本に出てくる数々の言葉は、僕だけのものではありません。多くの素晴らしい方々の言葉であります。

本来ならお一人おひとりにご了解をいただかなければなりませんが、聖人君子の言葉から身近な友人の言葉まであるので、いかんともしがたいところであります。特にＳ・Ｙワークスの佐藤芳直先生には多くの素晴らしい言葉をいただきました。この場を借りまして厚く御礼申し上げます。

師匠の多田さんはよく老子を読んでいました。また同郷の良寛さんのファンで、ときどきその話を聞かせていただきました。しかし、若かった僕にはさっぱりその意味の深さがわかりませんでした。今ようやく、わかりかけてきた気がします。

この本で使わせていただいた言葉やメッセージは、すべて僕の体験で吟味して、僕のハートを打った言葉に間違いありません。

大切なのは、素晴らしいと思ったことをまず実践してみることです。自分の体験で試してみて、それで正しいか判断することです。そうすれば、やがてその言葉は自分のものとなり、自由自在に使えるようになります。

どなたが書かれようと、どなたのメッセージだろうと、素晴らしいものは素晴らしいのです。素直に受け入れ、人生をより豊かにしようではありませんか。

この本をお読みいただいた皆様に少しでも「元気が出た」「楽しかった」と思っていただけるだけで本望であります。

そもそも、僕は筆不精で書くのが大の苦手。文才もなく本来でしたら本を書くような人間ではないのですが、世の中は不思議なものです。すでに複数の本を出版しております。

タイムマシーンに乗って過去の自分に、「お前は将来、たくさんの本を出版するだろう」

と言っても、僕自身はおろか、誰も信じないでしょう。

でも、現実にこうなっているのです。皆さんも、将来、何が起こるかわかりませんよ。

この本を出版するにあたって、多くの写真を撮ってくれた矢部洋一さん、日本生産性本部の高松克弘さん、深谷健一郎さん、小田部進さんに大変お世話になりました。そしてひとかたならぬ協力をいただいた浅野恵子さん、本当にお世話になりました。この場を借りまして感謝申し上げます。


最後に私事でありますが、昨年、妹の娘・咲乃《さきの》が亡くなりました。享年五年五か月の短い命でした。咲乃は生まれつき心臓が半分しかありませんでした。妹にとって初めての子供でもあり、ショックが大きかったと思います。

しかし、妹の口から愚痴や弱音は聞いたことがありません。旦那様と献身的にその小さな命を守りました。咲乃は小さなころから大手術を数十回も繰り返し、さぞ痛かっただろうと思います。数日だけ自宅に帰ったことがありましたが、人生のほとんどを病院の小さなベットで過ごしました。

そんな咲乃でしたが、私たち家族に大きなものを与えてくれました。

実家に一人暮らしとなった親父は、電車で二時間かけて毎週のように咲乃に会いに行きました。僕も特別に何度か集中治療室に入れていただき、直接手を握ることができました。まさに咲乃は私たち家族の絆となったのです。

実は5オーシャンズのレース中、僕はアメリカ・ノーフォークから一度帰国しています。そのときも咲乃に会いに行きました。

僕のやっていることは辛く苛酷なことですが、どこにでも行けます。縦横無尽に世界中走り回れます。でも、咲乃は小さなベッドで毎日を過ごし、小さな体で数々の辛い手術に耐えながら頑張っているのです。

僕が海で辛いなと思ったとき、「咲乃に笑われるぞ」と、ふと思うのです。咲乃の頑張りにどれだけ勇気をもらったかはかりしれません。

最後は僕の妹である母の手の中で、静かに目を閉じました。

想えば私の親父も咲乃も見事な最期を遂げました。親父は女房を早くに亡くし、幼かった子供三人を強く育て上げました。「俺は子供の邪魔はしない」と、言っていたとおり、三年前に自宅で一人息を引き取りました。

咲乃も親父も、それぞれ、自分の役割を果たして見事に天に帰って行ったのです。

どなたにも、その人しか成し得ない大切な役割があります。それは大小ではかるのではなく、我々全員に与えられた天命であるのだと思います。

自分の天命を知るためには、自分の心の中に問いかけることです。決して外にあるものではありません。すぐ近くにあるのです。

それでは、僕の役割はなんだろう。前に女房が「あなたはヨットレースに勝つことではないわね」と、言ったことがあります。その通りかもしれません。僕は家族にヨットの話をしたことがありません。

ヨットの魅力の一つに、自分と向き合う時間が長いことがあります。インターネットやテレビ、携帯がほとんど入らない世界です。遥かなる海で一人、自分に向き合います。

僕は、子供の頃から友達と仲良く外で遊ぶことが大好きでした。考えてみたら、そのころから何も変わっていないのです。鎌倉の八幡宮の境内で遊びまわり、そのうち相模湾から太平洋、そして世界一周へ。小さなプラモデルを作り、爆竹で遊んでいた頃から、やがて本物のヨットを造り世界一周しました。

「みんなと仲良く、元気に、明るく、地球を相手に遊ぶ」

これが僕の天命ではないかと、最近思うのです。この姿を見て、子供たちや若者たち、そして皆さんに「元気、勇気、前向き」になっていただければ本望です。これを果たすために多くの同志をつくり、過酷な修業に励むのです。

さぁーみなさん、勝負はこれからですよ。

自分を尽くして、頑張っていきましょう！

天如水！

白石　康次郎

SI-TEX
DEN

■著者紹介

白石 康次郎（しらいし こうじろう）

1967年 東京生まれ鎌倉育ち。横浜国立大学教育学部（現 教育人間科学部）附属鎌倉小・中学校卒業。神奈川県立三崎水産高等学校（現 神奈川県立海洋科学高等学校）専攻科（機関）卒業。
1986年 第一回単独世界一周レース（BOCレース）優勝の故多田雄幸氏に弟子入り。
1988年 ナホトカ－室蘭「日本海ヨットレース」クルーとして出場。
1989年 ニュージーランド－博多・記念レースクルーとして出場。故多田雄幸氏の第三回BOCレース出場をサポート。将来のBOC出場を夢み、ヨットの建造から世界各地でのサポートを経験する。
1991年 シドニー－伊豆松崎　太平洋単独縦断に成功。
1993年 10月3日－1994年3月28日（176日）46,115km「スピリット・オブ・ユーコー」で世界最年少単独無寄港世界一周を達成。（26歳）
1995年 アドベンチャーレース「エコ・チャレンジ」に出場。
1996年「エコ・チャレンジ」ブリティッシュ・コロンビア出場。
1997年 2月 世界でもっとも過酷なアドベンチャーレース「レイド・ゴロワーズ」南アフリカ大会で日本過去最高の11位でゴールする。
1998年 8月 世界的セーラー ブルーノ・ペイロンの愛艇、巨大カタマラン「エクスプローラー号」で太平洋横断世界最速記録樹立（横浜～サンフランシスコ 14日17時間）クルーとして参加。
2000年 1月1日「鉱次郎」を「康次郎」に改名。
2000年 7月 キャメルトロフィー・トンガ／サモア2000出場。
2001年 1月 帆船『海星』で若者を対象としたセールトレーニングを行う。
2002年 9月 単独世界一周ヨットレース『アラウンド・アローン』スタート。
2003年 5月 単独世界一周ヨットレース『アラウンド・アローン』クラス II　4位でゴールする。
2005年 8月 帆船「あこがれ」セールトレーニング実施。
2006年 10月22日 単独世界一周ヨットレース「5オーシャンズ」クラス I に日本人初挑戦。
2007年 5月 単独世界一周ヨットレース「5オーシャンズ」クラス I で2位でゴール。日本人初参戦のクラス Iで快挙を達成。
2008年「Gitana13」クルーとしてサンフランシスコ～横浜間 太平洋横断世界最速記録を再び樹立。

著書に、『七つの海を越えて』（文藝春秋社）、『大冒険術』（共著、同）、『僕たちに夢と勇気を・・・冒険者』（宝島社）、『アラウンド・アローン』（文藝春秋社）、『人生で大切なことは海の上で学んだ』（大和書房）、『勝負師と冒険家』（共著、東洋経済新報社）など。
文部科学省子ども居場所事業キャンペーンメンバー、横浜市教育 改革会議委員などを歴任。現 世界自然遺産プロジェクト プロジェクトリーダー。

ホームページ　http://www.kojiro.jp/
所属事務所（スポーツビズ）　http://www.sports-biz.co.jp/

精神筋力
――困難を突破し、たくましさを育てる。――

二〇一二年二月二十九日　第1刷 ©

著　者／白石　康次郎
発行者／大川　幸弘
発行所／生産性出版
（〒150-8307）東京都渋谷区渋谷三丁目一番一号
日本生産性本部
電話（〇三）三四〇九―一一三二（編集）
一一三三（営業）

印刷・製本／シナノ　パブリッシングプレス

ISBN 978-4-8201-1996-8 C0037
Printed in Japan